100 Frauen, die die Welt verändert haben

Diese Frauen haben Geschichte geschrieben.

DK London
Lektorat Steven Carton, Lisa Gillespie, Andrew Macintyre, Liz Wheeler, Jonathan Metcalf
Gestaltung und Bildredaktion Jacqui Swan, Laura Gardner, Owen Peyton Jones, Karen Self, Phil Ormerod
Umschlaggestaltung Claire Gell, Sophia MTT
Herstellung Jacqueline Street, Mary Slater, Anna Vallarino

DK Delhi
Lektorat Sreshtha Bhattacharya, Priyaneet Singh, Charvi Arora, Kingshuk Ghoshal
Gestaltung und Bildredaktion Shreya Anand, Nidhi Rastogi, Garima Sharma, Saloni Dhawan, Harish Aggarwal, Jagtar Singh, Pawan Kumar, Mohammad Rizwan, Sumedha Chopra, Taiyaba Khatoon, Govind Mittal
Umschlaggestaltung Suhita Dharamjit, Surabhi Wadhwa, Priyanka Sharma, Saloni Singh
Herstellung Balwant Singh, Pankaj Sharma

Für die deutsche Ausgabe:
Programmleitung Monika Schlitzer
Redaktionsleitung Martina Glöde
Projektbetreuung Dörte Eppelin
Herstellungsleitung Dorothee Whittaker
Herstellungskoordination Ksenia Lebedeva
Herstellung Stefanie Staat

Titel der englischen Originalausgabe:
100 women who made history

© Dorling Kindersley Limited, London, 2017
Ein Unternehmen der Penguin Random House Group
Alle Rechte vorbehalten

© der deutschsprachigen Ausgabe by Dorling Kindersley Verlag GmbH, München, 2018
Alle deutschsprachigen Rechte vorbehalten

Jegliche – auch auszugsweise – Verwertung, Wiedergabe, Vervielfältigung oder Speicherung, ob elektronisch, mechanisch, durch Fotokopie oder Aufzeichnung, bedarf der vorherigen schriftlichen Genehmigung durch den Verlag.

Übersetzung Christiane Wagler
Lektorat Dorit Aurich

ISBN 978-3-8310-3462-8

Druck und Bindung Hongkong

Besuchen Sie uns im Internet
www.dorlingkindersley.de

100 Frauen, die die Welt verändert haben

Text Stella Caldwell, Clare Hibbert, Andrea Mills und Rona Skene

Beratung Philip Parker

Inhalt

6 Hochbegabte Künstlerinnen
8 Sappho
9 Mirabai
10 Emily Dickinson
12 Filmstars
   Marlene Dietrich
   Marilyn Monroe
   Kathryn Bigelow
   Madhuri Dixit
   Jennifer Lawrence
14 Josephine Baker
16 Edith Piaf
17 Maria Callas
18 Frida Kahlo
20 Schriftstellerinnen
   Murasaki Shikibu
   Shin Saimdang
   Mary Wollstonecraft
   Jane Austen
   Maya Angelou
22 Anne Frank
24 Joni Mitchell
25 J. K. Rowling

26 Geniale Wissenschaftlerinnen
28 Hypatia
30 Emilie du Châtelet
31 Ada Lovelace
32 Mary Anning
34 Sofja Kowalewskaja
35 Lise Meitner
36 Marie Curie
38 Im Dienst der Gesundheit
   Mary Seacole
   Florence Nightingale
   Edith Cavell
   Agnes Hunt
   Averil Mansfield
40 Chien-Shiung Wu
42 Dian Fossey
43 Françoise Barré-Sinoussi
44 Rosalind Franklin

46 Politische Aktivistinnen
48 Olympe de Gouges
49 Elizabeth Cady Stanton
50 Harriet Tubman
52 Louise Michel
53 Bertha von Suttner
54 Historische Momente
   Prinzessin Isabella
      von Brasilien
   Helen Keller
   Rachel Carson
   Wangari Maathai
   Margaret Chan
56 Emmeline Pankhurst
58 Rosa Luxemburg
59 Sophie Scholl
60 Rosa Parks
62 Aung San Suu Kyi
64 Malala Yousafzai

66 Mächtige Führungskräfte

68 Johanna von Orléans
70 Top-Königinnen
    Hatschepsut
    Kleopatra
    Eleonore von Aquitanien
    Sultanin Raziah
    Königin Viktoria
72 Katharina die Große
74 Wu Zetian
75 Taytu Betul
76 Elisabeth I.
78 Sacajawea
80 Maria Quitéria
81 Dolores Ibárruri
82 Eleanor Roosevelt
84 Indira Gandhi
86 Margaret Thatcher
87 Angela Merkel
88 Staatschefinnen
    Golda Meir
    Ellen Johnson Sirleaf
    Graça Machel
    Shirin Ebadi
    Benazir Bhutto

90 Kühne Unternehmerinnen

92 Bertha Benz
94 Sarah Breedlove
96 Coco Chanel
97 Indra Nooyi
98 Peggy Guggenheim
100 Oprah Winfrey
102 Auf digitalen Pfaden
    Carol Bartz
    Radia Perlman
    Sheryl Sandberg
    Martha Lane Fox
    Juliana Rotich

104 Überfliegerinnen

106 Althea Gibson
108 Nellie Bly
110 Hoch hinaus
    Harriet Quimby
    Jewgenija M. Schachowskaja
    Amelia Earhart
    Amy Johnson
    Walentina W. Tereschkowa
112 Gertrude Bell
114 Junko Tabei
116 Wilma Rudolph
117 Nova Peris
118 Serena Williams
120 Tanni Grey-Thompson
121 Jessica Ennis-Hill
122 Marta
124 Applaus für …
126 Glossar
127 Register
128 Dank und Bildnachweis

Hochbegabte Künstlerinnen

Große Kunst überdauert Jahrhunderte und die Frauen in diesem Kapitel sind Meisterinnen ihres Fachs. Ob als Star auf der Bühne oder im Film, als Schriftstellerin, Schauspielerin oder bildende Künstlerin – sie haben die Welt der Unterhaltung und Kunst entscheidend geprägt. Ihre Gemälde, Musik, Shows, Gedichte und Romane zeugen von außergewöhnlichem Talent und haben nachfolgende Künstler beeinflusst.

Sappho
Die bedeutendste griechische Dichterin der Antike

Übrigens …
Mein Bild erschien auf Münzen. Meine Verse wurden so bewundert, dass der Philosoph Platon mich die „zehnte Muse" nannte.

Geheimnisvolles Leben
Über Sapphos Leben ist wenig bekannt. Sie wurde zwischen 630 und 612 v. Chr. auf der griechischen Insel Lesbos geboren. Möglicherweise heiratete sie und bekam eine Tochter. Es heißt, Sappho habe sich von einer Klippe gestürzt, weil ein Fährmann ihr das Herz gebrochen hatte.

Die Lyra ähnelt einer kleinen Harfe und hat zwischen vier und zehn Saiten.

Wie sie die Welt … veränderte
Viele Dichter haben versucht, Sapphos Stil nachzuahmen. Ihr Versmaß wird nach ihr als „Sapphische Strophe" bezeichnet.

Liebesgedichte
Sappho war Lyrikerin und schrieb Verse, die zur Musik einer Lyra gesungen werden sollten. Darin ging es oft um Liebe. Sie war eine der ersten Dichterinnen, die über ihre Gefühle und Gedanken schrieb. Obwohl Sappho neun Bücher mit Gedichten verfasste, sind heute nur 650 Zeilen ihrer Verse bekannt.

Mirabai

Die heilige Dichterprinzessin trat unerschrocken für ihren Glauben ein.

Frommes Leben

Mirabai wurde im 16. Jahrhundert als indische Prinzessin geboren und widmete ihr Leben dem Hindugott Krishna. Als ihr Ehemann starb, widersetzte sie sich dem Brauch, sich das Leben zu nehmen. Stattdessen ging sie als Heilige und Dichterin auf Wanderschaft.

Krishna wird von den Hindus als Krieger und Lehrer verehrt.

Übrigens ... Heute gelte ich als eine der bedeutendsten indischen Heiligen. Meine Verse werden im ganzen Land gesungen.

Mirabai spielte ein Saiteninstrument, die Dotara.

Wie sie die Welt ... veränderte

Mirabai widersetzte sich den Sitten ihrer Zeit und regte viele Frauen zu einem kreativen, spirituellen Leben an.

Heilige Dichterin

Mirabai gesellte sich zu den Armen und zeigte ihre Liebe zu Krishna, indem sie auf den Straßen sang und tanzte. Viele begeisterte ihre selbstlose Hingabe. Heute werden ihr etwa 1300 Bhajans (religiöse Lieder) zugeschrieben, die Krishna lobpreisen.

Emily Dickinson

Die Dichterin hielt sich nicht an die üblichen Regeln.

Die zu Lebzeiten verkannte US-amerikanische Dichterin Emily Dickinson verfasste fast 1800 sehr originelle Gedichte und fantasievolle Briefe.

Familienleben

Emily Dickinson wurde 1830 in eine angesehene Familie aus Massachusetts (USA) geboren und genoss eine aktive Kindheit. Sie war sensibel und intelligent und wurde von den beiden Geschwistern heiß geliebt. Die Beziehung zur Mutter war kühl, der Vater war manchmal streng.

Dickinson mit Bruder Austin und Schwester Lavinia

Wusstest du das?
Dickinson litt möglicherweise an der Krankheit Epilepsie oder an Platzangst und verließ deshalb nicht gern das Haus.

Einsame Dichterseele

Dickinson schrieb als Jugendliche erste Gedichte. Um 1850 widmete sie sich ganz der Lyrik und experimentierte mit neuen Ideen. Mit der Zeit zog sie sich von der Gesellschaft zurück, verfasste aber immer mehr Gedichte. Sie schrieb sich auch Briefe mit vielen Freunden und anderen Schriftstellern.

Was davor geschah ...

*Dichter des 17. Jahrhunderts – wie der berühmte **John Donne** – beeinflussten Dickinson mit ihrem unverblümten Stil, ihrer Scharfsinnigkeit und ihrer bildhaften Sprache.*

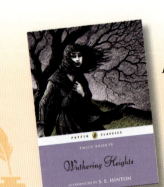

*Dickinson bewunderte die englische Schriftstellerin **Emily Brontë**. Eines von Brontës Gedichten wurde bei Dickinsons Beerdigung vorgelesen.*

Ein „stiller Vulkan"

Dickinson hinterfragte in ihrem Werk die Regeln der Lyrik. Ihre Gedichte hatten oft keinen Titel, die Zeilen brachen plötzlich um, sie verwendete eine ungewöhnliche Zeichensetzung und eine überraschende Bildsprache – der „stille Vulkan" war etwa ein Symbol für ein explosives Innenleben. Sie beschäftigte sich mit Tod und Unsterblichkeit, Religion, Zeit, Natur und Liebe.

Übrigens ...
Mein Vater wollte mir Bücher verbieten, weil sie mein Gemüt verstören könnten.

Handschrift von Dickinsons Gedicht *Two-were Immortal twice-*

Veröffentlichung

Nur wenige der Gedichte wurden zu ihren Lebzeiten – ohne Angabe ihres Namens – veröffentlicht. Nach ihrem Tod entdeckte ihre Schwester Hunderte Gedichte. Vier Jahre darauf erschien ein erster Lyrikband. Dickinsons einzigartige Sicht auf die Welt begeistert viele Menschen bis heute. Sie ist eine der meistgelesenen US-amerikanischen Dichterinnen.

Dickinsons Liebe zur Natur spiegelt sich in ihren Gedichten wider.

Wie sie die Welt veränderte

Dickinsons ungewöhnliches Leben und Werk widersprachen den Erwartungen an Frauen im 19. Jahrhundert. Moderne Lyriker des 20. Jahrhunderts nahmen sie zum Vorbild.

Was danach geschah ...

Dickinsons ungewöhnliche Versformen und Rhythmen finden sich in Werken von Dichtern des 20. Jahrhunderts wie **T. S. Eliot** *und Ezra Pound wieder.*

Dickinsons Suche nach einer eigenen lyrischen Sprache inspirierte Dichterinnen wie **Sylvia Plath** *und Adrienne Rich.*

Filmstars
Glanzlichter des Kinos

Seit den Anfängen des Kinos haben Frauen das Filmgeschäft entscheidend beeinflusst. Diese Stars mischen ganz vorn mit.

Marlene Dietrich
Die deutsche Sängerin und Schauspielerin Marlene Dietrich trat in dem erfolgreichen Film *Der Blaue Engel* (1930) auf. Durch ihn wurde sie über Nacht berühmt. Bald lockte Hollywood, das Zentrum der US-amerikanischen Filmindustrie. Dietrich wurde eine der höchstbezahlten Schauspielerinnen ihrer Zeit. Später sang und spielte sie auf den Bühnen der Welt.

Im Zweiten Weltkrieg verhalf Dietrich Deutschen und Franzosen zur Flucht in die USA.

Monroe gelangte zu plötzlichem Ruhm, als sie 1944 bei der Arbeit in einer Rüstungsfabrik entdeckt wurde.

Marilyn Monroe
Die US-amerikanische Schauspielerin Marilyn Monroe wurde 1926 als Norma Jeane Mortenson geboren und wuchs bei Pflegeeltern auf. Zu Beginn ihrer Karriere um 1950 nahm sie ihren Künstlernamen an. Für eine Filmrolle wurde sie mit einem Golden Globe ausgezeichnet. Sie starb mit nur 36 Jahren, gilt aber bis heute als Ikone des Films.

Kathryn Bigelow

Die US-amerikanische Autorin und Regisseurin ist vor allem bekannt für ihre packenden Kino- und Fernsehfilme mit beeindruckenden Bildern und Actionszenen in Zeitlupe. 2008 schrieb Bigelow Geschichte, als sie für das Kriegsdrama *Tödliches Kommando – The Hurt Locker* als erste Frau mit einem Oscar in der Kategorie Beste Regie ausgezeichnet wurde.

Bigelow bei den Dreharbeiten zu *Tödliches Kommando* in Jordanien

Madhuri Dixit

Madhuri Dixit war die Königin der indischen Filmindustrie („Bollywood") in den 1980er- und 1990er-Jahren. In vielen Liebesfilmen spielte sie die Hauptrolle. Sie war rekordverdächtige 14-mal für den bekannten indischen Filmpreis Filmfare Awards nominiert, den sie viermal auch gewann.

Dixit ist für ihre spektakulären Tanzeinlagen bekannt.

Jennifer Lawrence

Die US-amerikanische Schauspielerin Jennifer Lawrence ist zurzeit eine der erfolgreichsten Frauen Hollywoods. Bekannt wurde sie für ihre Darstellung im vierteiligen Film *Die Tribute von Panem*. Sie ist die jüngste Schauspielerin mit vier Oscar-Nominierungen. 2013 erhielt sie den Oscar für die Liebeskomödie *Silver Linings*.

Josephine Baker

Die singende und tanzende Freiheitskämpferin

Josephine Baker, genannt die „Schwarze Venus", strahlte auf der Leinwand und gründete eine Regenbogenfamilie.

> **Übrigens …**
> Mein zahmer Gepard Chiquita trug ein diamantbesetztes Halsband und zog alle Blicke auf sich, wenn ich mit ihm spazieren ging.

Szene aus Shuffle Along

Ein Stern geht auf

Baker wurde 1906 in St. Louis (USA) geboren und trat als Jugendliche einer Varieté-Truppe bei. Sie verbesserte ihr tänzerisches und komödiantisches Können, bis sie 1921 eine Rolle im Broadway-Musical *Shuffle Along* ergatterte.

Französische Kapriolen

1925 wurde Baker von einem Talentsucher entdeckt und zog nach Paris (Frankreich). Mit ihrem exotischen Stil stieg sie bis 1927 zur bestbezahlten Tänzerin Europas auf. Als Sängerin und Schauspielerin ebnete sie in den 1930er-Jahren afroamerikanischen Frauen den Weg.

Was davor geschah …

1891 führten Afroamerikaner bei einer Show in New York (USA) den **Cakewalk** erstmals als Bühnentanz auf. Es folgten Tänze wie Charleston, Jitterbug, Lindy Hop und Twist.

Der Vater des Stepptanzes, **Bill „Bojangles" Robinson**, *war der erste afroamerikanische Tänzer, der in bekannten Vaudeville-Shows und Filmen der 1930er-Jahre auftrat.*

Baker mit einigen ihrer zwölf Kinder

Krieg und Frieden

Im Zweiten Weltkrieg half Baker als Spionin dem französischen Widerstand gegen die deutschen Nationalsozialisten. Sie unterstützte das Rote Kreuz und trat vor französischen Soldaten auf. Nach dem Krieg adoptierte sie zwölf Kinder aus aller Welt um zu zeigen, dass alle Menschen in Harmonie miteinander leben können. Sie nannte sie ihre „Regenbogenfamilie".

Baker bei einer Rede in Washington (USA)

Widerstand leisten

Baker erlebte in ihrer Heimat USA rassistische Anfeindungen und unterstützte daher bei Demonstrationen und Märschen die Bürgerrechtsbewegung der 1960er-Jahre. Nach der Ermordung des führenden Bürgerrechtlers Martin Luther King bat man sie, eine leitende Funktion zu übernehmen. Sie lehnte zugunsten ihrer Familie ab.

Wusstest du das?
Als Baker 1975 starb, wurde sie als erste US-amerikanische Frau mit einem französischen Militärbegräbnis geehrt.

Wie sie die Welt veränderte

Baker ist der Beweis, dass ein Aufstieg aus ärmsten Verhältnissen zum internationalen Superstar möglich ist. Sie kostete das Leben voll aus. Zu einer Zeit, als Afroamerikaner viele Einschränkungen hinnehmen mussten, machte sie Karriere als Sängerin, Tänzerin, Schauspielerin, Spionin und politische Aktivistin.

Was danach geschah ...

Josephine Baker ist bis heute eine Stilikone. Die afroamerikanische Sängerin **Beyoncé** gibt an, von Bakers Tänzen beeinflusst zu sein. Einige ihrer Kostüme und Tanzfiguren erinnern an Baker.

2015 schrieb **Misty Copeland** vom American Ballet Theatre Geschichte: Sie wurde die erste afroamerikanische Primaballerina der Ballettkompanie.

Edith Piaf

Der „Spatz von Paris" wurde eine weltweit gefeierte Sängerin.

Wusstest du das?
Ihr Nachname war eigentlich Gassion, aber wegen ihrer zierlichen Gestalt wurde sie Piaf („Spatz") genannt.

Eine geborene Unterhalterin

Edith Piaf war die Tochter eines Zirkusakrobaten und einer Straßensängerin. Bereits als Kind trat sie auf, um Geld zu verdienen. Ihre Spezialität war das Chanson – eine wehmütige Liedform, die oft in Pariser Cafés zu hören war. Nach ihrem Durchbruch in Frankreich gelangte Piaf zu Weltruhm.

Wie sie die Welt ... veränderte
Piafs einzigartige Stimme und ihr dramatischer Stil machten sie zu einer der bestbezahlten, meistbewunderten und einflussreichsten Sängerinnen aller Zeiten.

Kriegsheldin

Im Zweiten Weltkrieg war Frankreich von Nazideutschland besetzt. Bei einem Auftritt in einem Kriegsgefangenenlager verhalf Piaf über 300 französischen Gefangenen mit falschen Papieren zur Flucht.

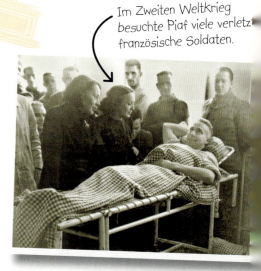

Im Zweiten Weltkrieg besuchte Piaf viele verletzte französische Soldaten.

Unglaubliches Talent

Maria Callas bekam Gesangsunterricht, seit sie fünf Jahre alt war. Ihren Durchbruch feierte die griechisch-amerikanische Sopranistin 1949 mit einer Hauptrolle am Opernhaus La Fenice in Venedig (Italien). Sie studierte die Rolle in sechs Tagen ein. Ihr Auftritt wurde eine Sensation.

Das heutige Teatro La Fenice

Maria Callas

Der Superstar lebte und sang mit voller Leidenschaft.

In den Schlagzeilen

Callas wurde für ihr schauspielerisches und sängerisches Können bewundert. Mit ihrer Ausstrahlung begeisterte sie ein völlig neues Publikum für die Oper. Auch ihr Privatleben war dramatisch. Ihre glamouröse Erscheinung, der extravagante Lebensstil und die Auseinandersetzungen mit anderen Musikern sorgten oft für Schlagzeilen.

Eine ihrer bekanntesten Rollen war die der tragischen Heldin Tosca.

Wie sie die Welt … veränderte

Callas' Ausnahmetalent und Stil brachten der Oper Millionen neuer Fans.

Frida Kahlo

Erste Selfie-Künstlerin

Die berühmteste Malerin Mexikos stellte sich und ihre inneren Kämpfe in Selbstporträts zur Schau. Das war zu ihrer Zeit sehr ungewöhnlich.

Übrigens ...
Meinen Malstil nennt man Surrealismus. Ich habe ungewöhnliche und fantasievolle Themen gewählt.

Schwieriger Start

Kahlos Kindheit war von Unglück überschattet. Mit sechs Jahren erkrankte sie an Kinderlähmung und später wurde sie bei einem Busunfall schwer verletzt. Sie hatte ständig Schmerzen und wurde oft operiert. Ablenkung und ein Ventil für ihre Gefühle fand sie in der Malerei.

Kahlo im Alter von fünf Jahren

Diego Rivera

Künstlerin und Aktivistin

Kahlo war Schülerin an der Escuela Nacional Preparatoria, wo sie dramatische Selbstporträts malte. Während der Mexikanischen Revolution trat sie der Kommunistischen Partei Mexikos bei. 1929 heiratete sie den Maler Diego Rivera, der ihre politischen Ansichten teilte.

Was davor geschah ...

Die ersten Porträts gehen zurück auf **altägyptische** *Grabkunst, Skulpturen und Gemälde.*

Mithilfe von Spiegeln begannen Renaissancekünstler wie **Leonardo da Vinci***, sich selbst in Porträts darzustellen.*

Großer Einfluss

1939 ging Kahlo nach Paris (Frankreich), wo sie ihre Bilder ausstellte und sich mit dem spanischen Maler Pablo Picasso und dem französischen Künstler Marcel Duchamp anfreundete. Nach ihrer Rückkehr 1943 lehrte Kahlo an der neuen Kunstschule La Esmeralda in Mexiko-Stadt. Dort fand ihr Werk viele Anhänger. Es wurde 1953 bei einer Einzelausstellung gezeigt.

Ringen mit dem Tod

Kahlos spätere Jahre waren von Krankheit geprägt. Das hielt sie aber nicht davon ab, ihren Ausstellungseröffnungen beizuwohnen: Sie lag in der Galerie in einem Bett und sprach mit dem Publikum. Bei einer politischen Kundgebung trat sie letztmals auf, mit 47 Jahren starb sie in ihrem Haus Casa Azul („blaues Haus") in Mexiko-Stadt.

Das „blaue Haus" ist heute ein Museum.

Auf vielen Werken Kahlos finden sich ihre Haustiere wie Affen, Hunde und Vögel.

Wie sie die Welt veränderte

Zu einer Zeit, als Frauen in der Kunst wenig beachtet wurden, beschritt Kahlo neue Wege mit ihrem surrealistischen, nicht der Wirklichkeit entsprechenden Stil. Ihre rauen und aufrührerischen Bilder verliehen dem Kampf von Millionen Frauen eine Stimme.

Was danach geschah …

*Der spanische Maler **Salvador Dalí** war ebenfalls Surrealist mit einer Vorliebe für ausgefallene Selbstporträts.*

*Viele zeitgenössische Künstlerinnen wie die US-amerikanische Fotografin **Cindy Sherman** sind von Kahlos Selbstporträts beeinflusst.*

Schriftstellerinnen

Jahrhundertelang kämpften Frauen um Anerkennung und die Veröffentlichung ihrer Werke. Diese Autorinnen haben uns besonders bedeutende Bücher hinterlassen.

Mit Worten Grenzen niederreißen

Murasaki Shikibu

Shikibus Roman *Die Geschichte vom Prinzen Genji* wurde 1021 vollendet. Er gilt als Meisterwerk der japanischen Literatur und als einer der ersten Romane der Welt. In 54 Kapiteln wird die Geschichte von Genji, dem Sohn eines alten japanischen Kaisers, erzählt. Der Roman basiert wahrscheinlich auf Shikibus Erfahrung als Hofdame.

Murasaki Shikibu ist ein Künstlername – der tatsächliche Name der Autorin ist unbekannt.

Shin Saimdang

Diese Künstlerin widersetzte sich im 16. Jahrhundert den strengen Regeln der koreanischen Gesellschaft. Sie war sehr begabt in Dichtung, Kalligrafie (Schönschreibkunst), Malerei und Stickerei. Sie hatte sieben Kinder, darunter den späteren Gelehrten Yul-Gok, und wurde als „weise Mutter" gerühmt.

Mary Wollstonecraft

Die britische Frauenrechtlerin war ihrer Zeit weit voraus: Sie verfasste revolutionäre Gedanken über die Rolle der Frau in der Gesellschaft. Ihr berühmtestes Buch *Die Verteidigung der Frauenrechte* wurde 1792 veröffentlicht. Darin forderte sie, dass Mädchen die gleiche Bildung erhalten wie Jungen – das war für diese Zeit höchst ungewöhnlich.

Wusstest du das?
Mary Wollstonecraft war die Mutter von Mary Shelley, die den Roman Frankenstein schrieb.

In den 1990er-Jahren wurden viele von Austens Romanen verfilmt.

Jane Austen

Jane Austen schrieb sechs Romane über die englische Mittel- und Oberschicht, darunter *Sinn und Sinnlichkeit*, *Stolz und Vorurteil* und *Emma*. Ihre Texte bestechen durch Scharfsinn und faszinierende Einblicke in das Leben der Frauen im 19. Jahrhundert. Austens Bücher gelten heute als Klassiker der Weltliteratur.

Maya Angelou

Die afroamerikanische Autorin, Lyrikerin und Bürgerrechtlerin Maya Angelou ist vor allem bekannt für ihre schmerzliche Kindheitsgeschichte *Ich weiß, warum der gefangene Vogel singt*. Sie wuchs in den 1930er-Jahren in Arkansas (USA) in Armut auf. Zu ihren weltweit gefeierten Büchern gehören viele Gedichte sowie Kinderbücher und ihre siebenteilige Lebensgeschichte.

Anne Frank

Die tapferste Tagebuchschreiberin der Geschichte

Ein jüdisches Mädchen berichtete über das Leben im Krieg und gewann die Herzen von Millionen Lesern weltweit.

So fing alles an

Annelies Marie Frank wurde 1929 in Frankfurt am Main geboren. Aus Angst, aufgrund ihres jüdischen Glaubens von den Nationalsozialisten verfolgt zu werden, brachte ihr Vater Otto Frank die Familie 1933 in die Niederlande. Anne ging in Amsterdam zur Schule. Sie las leidenschaftlich gern und konnte sehr gut schreiben.

Wusstest du das?
Anne schrieb ihr Tagebuch auf Niederländisch. Es wurde in mehr als 70 Sprachen übersetzt und über 30 Mio. Mal verkauft.

Besonderes Geschenk

1940 war der Zweite Weltkrieg in vollem Gang. Die Niederlande wurden von Deutschland besetzt, die Familie Frank war in Gefahr. Sie wollte in die USA auswandern, aber das Visum wurde ihnen verweigert. 1942 wurde Anne 13 Jahre alt und bekam von ihren Eltern ein Tagebuch.

Was davor geschah ...

Der Kirchenlehrer **Augustinus** *verfasste um 400 n. Chr. seine Lebensgeschichte unter dem Titel* **Bekenntnisse**. *Hierin dachte er über Religion und Philosophie nach.*

Der berühmte englische Chronist **Samuel Pepys** *führte fast ein Jahrzehnt lang Tagebuch. Es gibt einen wertvollen Einblick in das London des 17. Jahrhunderts.*

Übrigens ...
Ich nannte mein Tagebuch „Kitty". Es war für mich wie eine Freundin, der ich alles erzählen konnte.

Das Versteck der Familie in einem Hinterhaus in Amsterdam ist heute der meistbesuchte Ort in den Niederlanden.

Geheimversteck

Kurz nach Annes Geburtstag tauchte die Familie in einem Versteck unter. Freunde versorgten sie mit Essen und Nachrichten. Anne vertrieb sich die Zeit, indem sie ihre Gedanken über die Familie, die Geschehnisse und die Zukunft aufschrieb. Am 4. August 1944 entdeckten die Nationalsozialisten das Versteck. Das Tagebuch endet an diesem Tag.

Das letzte Kapitel

Die Familie Frank wurde ins Konzentrationslager Auschwitz gebracht. Anne kam ins Lager Bergen-Belsen, wo sie 1945 an Typhus starb. Otto überlebte den Krieg und veröffentlichte Annes Tagebuch 1947. Es wurde ein internationaler Bestseller.

Wie sie die Welt veränderte

Anne Frank wurde von den Nationalsozialisten ermordet, aber die Worte in ihrem Tagebuch erinnern uns an den Wert und die Würde eines Menschenlebens.

Was danach geschah ...

1991–1993 führte **Zlata Filipović** Bericht über ihre Kindheit in Sarajevo (Bosnien-Herzegowina). Ihre Kriegserlebnisse wurden in dem Buch Ich bin ein Mädchen aus Sarajevo veröffentlicht.

Heute halten viele Menschen ihre Gedanken im **Internet** in Blogs und sozialen Netzwerken fest.

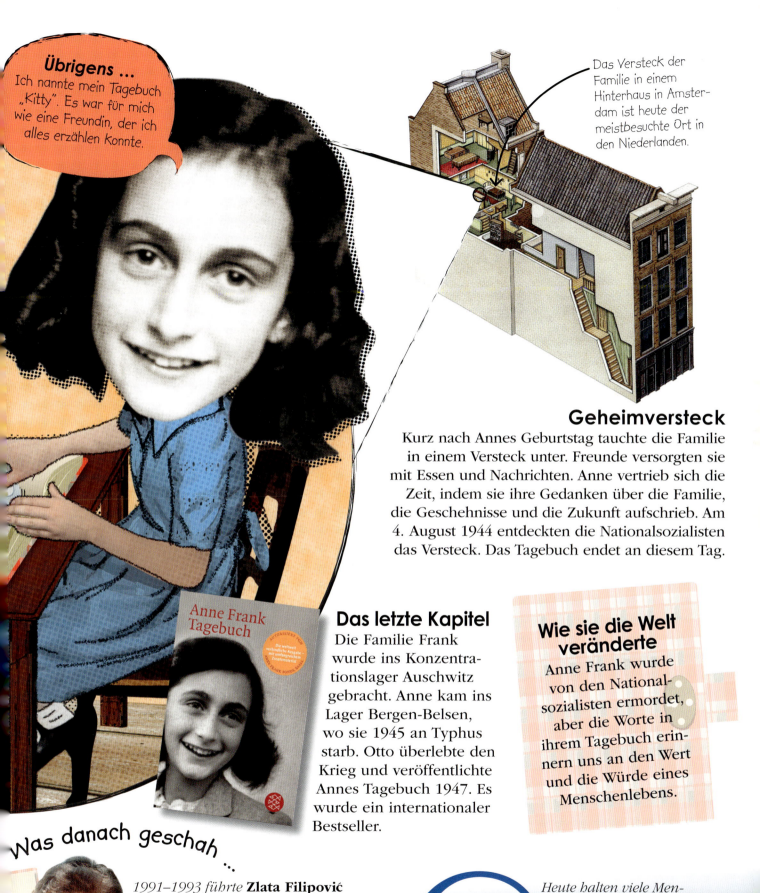

Joni Mitchell

Eine Liedermacherin schrieb Musik für die Ewigkeit.

Eine Legende wird geboren

Joni Mitchell wurde 1943 in einer Kleinstadt in Kanada geboren und liebte von klein auf Kunst und Musik. Sie lernte Gitarre spielen und schrieb Songs mit aussagekräftigen Texten und eingängigen Melodien. Ihr erstes Album veröffentlichte sie 1968. Durch Megahits wie „Both Sides Now" und „Big Yellow Taxi" wurde sie zur Legende der Folkmusik.

Alben und Auszeichnungen

Mitchell gewann 1969 ihren ersten Grammy für den besten Folksong. In den 1970er-Jahren experimentierte sie mit Jazz, Pop und anderen Musikrichtungen. Sie malte leidenschaftlich gern und gestaltete viele ihrer Schallplatten-Cover. Sie veröffentlichte 19 Alben und gewann acht weitere Grammys.

Wie sie die Welt ... veränderte

Mitchells besondere Musik und ihre Texte beeinflussten andere Liedermacher. Sie hatte Fans auf der ganzen Welt.

24

J. K. Rowling

Die magischen Bücher einer Autorin ziehen junge und erwachsene Leser weltweit in ihren Bann.

Vom Bücherwurm zur Schriftstellerin

Joanne Rowling wurde 1965 geboren und wuchs in England umgeben von Büchern auf. Mit sechs Jahren schrieb sie ihre erste Geschichte über ein Kaninchen mit Masern. 1990 dachte sie sich während einer Zugfahrt den Zauberschüler Harry Potter aus. Sieben Jahre später wurde das Buch *Harry Potter und der Stein der Weisen* veröffentlicht.

Weltweiter Erfolg

Kinder und Erwachsene lieben die fantastischen Geschichten um die „Hogwarts-Schule für Hexerei und Zauberei". Die Reihe besteht aus mehreren Bänden, die sich alle unglaublich gut verkauften. Rowling wurde weltweit bekannt. Die Geschichte wurde verfilmt und alle acht Filme wurden Kassenschlager.

Wie sie die Welt ... veränderte

Rowling hat zahlreiche Preise gewonnen. Ihre Bücher wurden über 450 Mio. Mal verkauft und in über 70 Sprachen übersetzt.

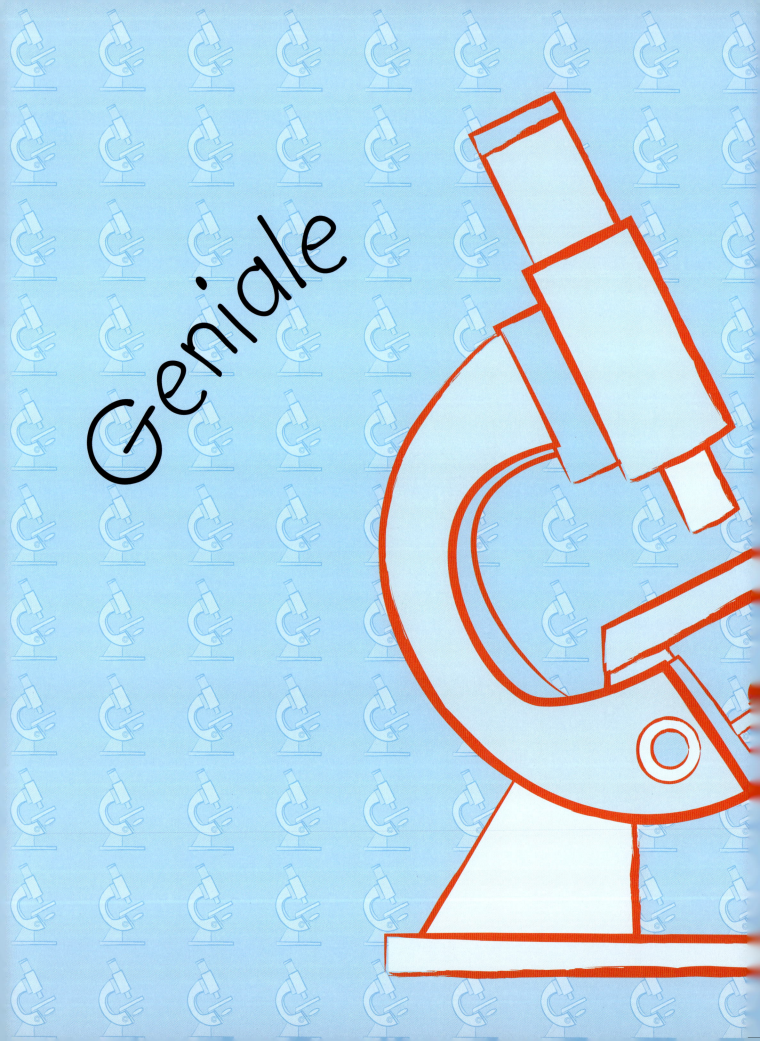

Wissenschaftlerinnen

Viele revolutionäre Entwicklungen und Entdeckungen in der Wissenschaft gehen auf das Konto von Frauen. Ihrer Zeit um Lichtjahre voraus, haben diese Pionierinnen in ihren Forschungsfeldern Chemie, Physik, Biologie, Mathematik, Zoologie, Medizin und Paläontologie Bahnbrechendes geleistet. Mit ihren Erkenntnissen und ihrem Talent haben sie unser Leben entscheidend verbessert.

Hypatia
Mathegenie im antiken Alexandria

Hypatia war eine brillante Mathematikerin, Philosophin und Astronomin und eine der bedeutendsten Denkerinnen der Antike.

Ein Abakus ist ein mechanisches Rechengerät für Addition und Subtraktion.

In Alexandria gab es eine berühmte Bibliothek, die Werke der klügsten Köpfe der Antike enthielt.

Gute Grundlagen

Hypatia wurde um 355 in Alexandria geboren, einer Stadt in Ägypten, die als Zentrum der Wissenschaft bekannt war. Sie war die Tochter von Theon, einem Philosophen und Mathematiker. Entgegen der Sitten der Zeit unterrichtete Theon seine Tochter. Sie war eine hervorragende Schülerin.

Ausgezeichnete Lehrerin

Hypatia wurde eine führende Mathematikerin ihrer Zeit und war für ihre Leistungen in Algebra, Geometrie und Astronomie anerkannt. Sie hatte einen sehr guten Ruf als Lehrerin, besonders für Philosophie. Hypatia vertrat eine neue Form der Lehren Platons (Neuplatonismus), die als nichtchristlich galten. Ihre Vorlesungen waren gut besucht und sie spielte eine aktive Rolle im Leben Alexandrias.

Was davor geschah ...

Der griechische Mathematiker **Ptolemäus** war einer der einflussreichsten Astronomen des 2. Jahrhunderts. Hypatia überarbeitete sein Lehrwerk Almagest.

Plotin war ein wichtiger Vertreter des antiken Neuplatonismus. Er glaubte an ein höchstes Prinzip, das er „das Eine" nannte und welches das denkbar Einfachste aller Dinge darstellte

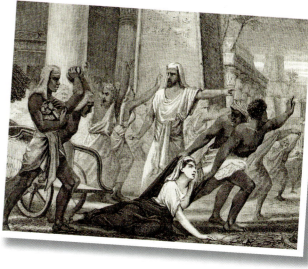

Grausamer Tod

Kyrill, der christliche Patriarch von Alexandria, lag im Streit mit dem heidnischen (nichtchristlichen) Präfekten Orestes. Als Freund des Präfekten wurde Hypatia Opfer eines religiösen Machtkampfs. Im Jahr 415 wurde sie aus ihrem Wagen gezerrt und von einer christlichen Menschenmenge ermordet.

Übrigens ...
Ich war so bekannt, dass berühmte Denker aus allen Ländern meine Vorlesungen besuchten.

Wusstest du das?
Alexandria war 800 Jahre lang ein Zentrum des Wissens. Um 400 verlor die Stadt wegen religiöser Kämpfe an Bedeutung.

Wie sie die Welt veränderte

Hypatia glänzte nicht nur durch ihr Wissen, sondern auch, weil sie komplexe Ideen gut vermitteln konnte. Zu einer Zeit, als sich das Leben der meisten Frauen zu Hause abspielte, war sie eine führende Mathematikerin und Lehrerin.

Was danach geschah ...

Die deutsche Astronomin **Caroline Herschel** entdeckte 1786 als erste Frau einen Kometen und wurde als Erste für ihre Forschungsarbeit bezahlt.

2014 erhielt die iranisch-amerikanische Mathematikerin **Maryam Mirzakhani** als erste Frau und erste Iranerin die Fields-Medaille, einen der höchsten Mathematikpreise überhaupt.

Emilie du Châtelet

Die Mathematikerin, Physikerin und Übersetzerin spielte im Europa der Aufklärung eine wichtige Rolle.

Wissbegierige Jugendliche

Der Vater, Louis Nicolas Le Tonnelier de Breteuil

Emilie du Châtelet wurde 1706 in eine französische Adelsfamilie geboren. Sie durfte an Gesprächskreisen teilnehmen, zu denen ihr Vater bekannte Schriftsteller und Denker einlud. Diese Debatten regten ihre Neugier an. Zudem bekam sie Fecht- und Reitunterricht, sie beherrschte Lateinisch, Griechisch, Deutsch und Englisch.

Wegbereiterin für die Wissenschaft

Du Châtelets Lebensgefährte war der französische Philosoph Voltaire. Gemeinsam verfassten sie ein Sachbuch und richteten in ihrem Haus ein Labor ein. Du Châtelets Hauptverdienst ist die Übersetzung des Werks *Principia Mathematica* von Isaac Newton aus dem Lateinischen ins Französische. Darin erörterte sie auch Newtons neue Theorien über Astronomie, die Schwerkraft sowie die Natur von Licht und Farbe.

Für Voltaire war sie die intelligenteste und gebildetste Frau der Zeit.

Wie sie die Welt ... veränderte

Die erweiterte Übersetzung von Newtons Werk war ein großer Beitrag zur Wissenschaft und machte seine Lehre für viele erst verständlich.

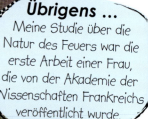

Übrigens ... Meine Studie über die Natur des Feuers war die erste Arbeit einer Frau, die von der Akademie der Wissenschaften Frankreichs veröffentlicht wurde.

Ada Lovelace

Diese Frau schrieb im 19. Jahrhundert das allererste Computerprogramm.

Babbages Maschine wurde zwar zu seinen Lebzeiten nicht verwirklicht, aber Experten glauben, dass sie funktioniert hätte.

Charles Babbage, der „Vater des Computers"

Bei Babbages Rechenmaschine erfolgte die Eingabe über Lochkarten.

Übrigens ...
Die für das Verteidigungsministerium der USA entwickelte Programmiersprache ADA ist nach mir benannt.

Computerfreak

Schon als Kind begeisterte sich Ada Lovelace für Mathematik. Mit 17 begegnete sie dem britischen Mathematiker Charles Babbage, der eine frühe Rechenmaschine, die „Analytical Engine", entworfen hatte. Lovelace entwickelte einen Algorithmus, mit dessen Hilfe die Maschine verschiedene Aufgaben ausführen konnte. Sie war damit die weltweit erste Programmiererin.

Risikoreich

Lovelace war wettbegeistert und entwickelte ein mathematisches Modell für Pferdewetten. Das ging leider schief und sie verlor so viel Geld, dass sie heimlich Familienschmuck verkaufen musste. 1852 starb sie mit 36 Jahren.

Wie sie die Welt ... veränderte

Lovelace schrieb nicht nur das erste Computerprogramm, sondern regte auch zum Nachdenken über die Funktion von Computern an.

Mary Anning
Die beste Fossilien-Spürnase Englands

Die britische Hobbygeologin Mary Anning durchkämmte den Sand am heimischen Strand und ihre Entdeckungen veränderten unser Verständnis von der Evolution.

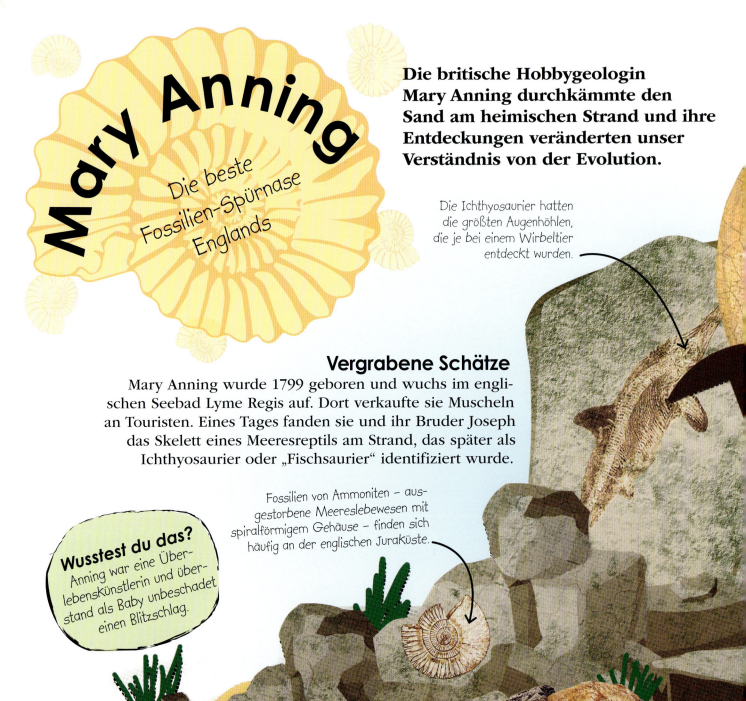

Die Ichthyosaurier hatten die größten Augenhöhlen, die je bei einem Wirbeltier entdeckt wurden.

Vergrabene Schätze

Mary Anning wurde 1799 geboren und wuchs im englischen Seebad Lyme Regis auf. Dort verkaufte sie Muscheln an Touristen. Eines Tages fanden sie und ihr Bruder Joseph das Skelett eines Meeresreptils am Strand, das später als Ichthyosaurier oder „Fischsaurier" identifiziert wurde.

Fossilien von Ammoniten – ausgestorbene Meereslebewesen mit spiralförmigem Gehäuse – finden sich häufig an der englischen Juraküste.

Wusstest du das?
Anning war eine Überlebenskünstlerin und überstand als Baby unbeschadet einen Blitzschlag.

Koprolithe sind fossile Tierexkremente.

Was danach geschah ...

*1841 erfand der englische Zoologe **Richard Owen** den Begriff „Dinosaurier" („schreckliche Echse").*

*Im selben Jahr entwickelte der englische Geologe **John Phillips** die erste geologische Zeitskala, die auf den im Gestein gefundenen Fossilien beruhte.*

Fossilienfunde

An derselben Küste fand Anning Hunderte Fossilien faszinierender Wesen, die man bis dahin nicht kannte, etwa 1821 das weltweit erste Skelett eines Plesiosauriers. Ihre Funde führten zu der Erkenntnis, dass dieser Küstenabschnitt vor 185 Mio. Jahren entstanden war. Starker Wind, Regen und Wellen hatten die Felsschichten abgetragen und die Funde freigelegt.

Anning zeichnete das von ihr gefundene Plesiosaurier-Fossil.

Die Evolution verstehen

Anning war in dem Glauben erzogen worden, dass alles Leben von Gott komme. Doch ihre Funde stellten diese Ansicht infrage und bewiesen, dass verschiedene Lebewesen die Erde bevölkern, manche aussterben oder sich weiterentwickeln und neue Arten entstehen.

Übrigens ...
Dank mir gibt es einen englischen Zungenbrecher: She sells seashells by the seashore. („Sie verkauft Muscheln am Strand.")

Wie sie die Welt veränderte

Annings Funde wurden von Paläontologen (Fossilienforschern) analysiert und dienten als Grundlage für neue Theorien. Obwohl Anning keine höhere Bildung genossen hatte, trug ihre Arbeit dazu bei, die Sicht auf die Geschichte des Lebens auf der Erde zu überdenken.

Der englische Wissenschaftler **Charles Darwin** beschrieb 1859 seine Evolutionstheorie im Buch Über die Entstehung der Arten.

200 Jahre nach Annings Funden wurde die Juraküste in Dorset von der Unesco zum **Weltkulturerbe** erklärt.

Sofja Kowalewskaja

Die talentierte Mathematikerin aus Russland

Kowalewskajas Elternhaus in Russland

Verrückt nach Algebra

Sofja Kowalewskaja wurde 1850 in Moskau geboren. Damals hatten russische Mädchen kaum Zugang zu Bildung, doch die junge Sofja begeisterte sich für Mathematik. Ihr Vater wollte, dass sie sich anderen Fächern widmete, aber sie lieh sich heimlich ein Buch über Algebra und las es nachts.

Wusstest du das?
Ich wurde als erste Frau in die russische Akademie der Wissenschaften aufgenommen.

Für Frauen verboten

Kowalewskaja wollte unbedingt an die Universität gehen, aber das war Frauen im Russland der damaligen Zeit verboten. Kowalewskaja gab nicht auf und wurde schließlich als Gasthörerin zum Studium in Deutschland zugelassen. Sie erwarb als erste Frau in Europa einen Doktortitel in Mathematik.

Kowalewskaja untersuchte die sich wandelnden Formen der Saturnringe.

Wie sie die Welt veränderte
Kowalewskaja machte bahnbrechende Entdeckungen auf dem Gebiet der Mathematik und bereitete anderen Frauen den Weg in die akademische Welt.

Kowalewskaja erforschte die Natur von Kreiselbewegungen.

Eine glänzende Karriere

Kowalewskaja wurde als erste Frau Mathematikprofessorin an der Universität Stockholm (Schweden). 1888 gewann sie einen bedeutenden Mathematikpreis der französischen Akademie der Wissenschaften. Dort war man so beeindruckt von ihrer Arbeit, dass man ihr Preisgeld von 3000 auf 5000 Francs erhöhte

Lise Meitner

Die brillante Physikerin entdeckte die unglaubliche Kraft der Kernenergie.

Spitzenstudentin
Lise Meitner wurde 1878 in eine jüdische Familie in Wien (Österreich) geboren. Obwohl es für Mädchen kaum Bildungsmöglichkeiten gab, glänzte sie in naturwissenschaftlichen Fächern. Da Frauen nicht an Universitäten zugelassen waren, arbeitete sie im Arbeitszimmer ihres Kollegen Otto Hahn für den Physiker Max Planck.

Max Planck erforschte die Natur der Atome.

Otto Hahn

Wichtige Entdeckungen
An der Universität Berlin experimentierten Meitner und ihr Kollege Otto Hahn mit dem chemischen Element Uran. Meitner entwickelte eine Theorie, wonach bei der Spaltung von Uranatomkernen große Mengen Energie freigesetzt werden. Das nennt man Kernspaltung.

Nationalsozialisten schändeten jüdische Läden in Deutschland als Teil ihrer antisemitischen Kampagne.

Dramatische Flucht
1938 floh Meitner vor den Nationalsozialisten in die USA. Nach dem Krieg erhielten nur ihre beiden deutschen Kollegen den Ruhm – und einen Nobelpreis – für die Gemeinschaftsarbeit an der Kernspaltung. Meitners Beitrag für die Physik wurde dennoch nicht vergessen. Das chemische Element 109 wurde ihr zu Ehren Meitnerium genannt.

Wie sie die Welt ... veränderte

Meitners Theorie zur Kernspaltung legte den Grundstein für die Entwicklung der Kernenergie.

Marie Curie
Strahlungsexpertin

Die bedeutende Physikerin sorgte für bahnbrechende Entwicklungen in Wissenschaft und Medizin.

Hoffnungsschimmer

Curie wies nach, dass die Atome einiger Elemente in einem Prozess, den sie Strahlung nannte, energiegeladene Partikel freigeben. Das Ehepaar Curie entdeckte zwei Elemente – Polonium (nach dem Land Polen) und Radium (nach dem lateinischen Wort für „Strahl"). Sie prägten den Begriff „Radioaktivität" und fanden heraus, dass man mit Röntgenstrahlung Krankheiten wie Krebs behandeln kann.

Wusstest du das?
Curies Aufzeichnungen sind radioaktiv verstrahlt und werden in Bleicontainern aufbewahrt.

Pierre Curie

Wissenschaftliche Ausbildung

Maria Salomea Skłodowska wurde 1867 in Polen geboren. Ihre Eltern, beide Lehrer, machten sie mit Wissenschaft vertraut. Sie war eine begabte Schülerin. 1891 zog sie nach Paris (Frankreich) und studierte Physik und Mathematik. Vier Jahre darauf heiratete sie den französischen Physiker Pierre Curie.

Was davor geschah ...

Der deutsche Physiker **Wilhelm Röntgen** *entdeckte 1895 die Röntgenstrahlen. Das radioaktive Element Röntgenium ist nach ihm benannt.*

1896 entdeckte der französische Physiker **Henri Becquerel**, *dass Uran ein radioaktives Element ist. Er teilte sich 1903 den Nobelpreis mit dem Ehepaar Curie.*

Doppelte Auszeichnung

1903 bekamen Marie und Pierre Curie den Nobelpreis für Physik. Als Pierre drei Jahre später starb, übernahm Marie seine Lehrstelle und wurde erste Professorin an der Sorbonne, der Universität in Paris. 1911 bekam sie einen Nobelpreis für Chemie.

Übrigens ...
Ich gewann als erste Frau einen Nobelpreis und bin der einzige Mensch, der einen Nobelpreis in zwei Fachbereichen bekam.

Mobiles Röntgenlabor im Ersten Weltkrieg

Kriegsverwundete

Im Ersten Weltkrieg entwickelte Curie ein kleines, mobiles Röntgengerät, mit dem man verwundete Soldaten in einem Sanitätsfahrzeug untersuchen konnte. Nachdem sie jahrelang Strahlung ausgesetzt war, starb sie 1934. Die Marie-Curie-Stiftung für todkranke Patienten wurde 1948 gegründet.

Wie sie die Welt veränderte

In einer Zeit, in der Wissenschaft Männersache war, widmete sich Curie der Erforschung von Strahlung. Obwohl sie letztendlich mit ihrem Leben dafür bezahlte, hilft ihre Forschung bis heute kranken Menschen.

Was danach geschah ...

*Der neuseeländische Wissenschaftler **Ernest Rutherford** entdeckte die Struktur des Atoms und zertrümmerte in einem ersten kernphysikalischen Versuch einen Atomkern.*

*Die Tochter von Marie und Pierre, **Irène Joliot-Curie**, trat in die Fußstapfen ihrer Eltern und erhielt 1935 den Nobelpreis für Chemie.*

Im Dienst der Gesundheit

Heldinnen in Medizin und Pflege

Frauen waren stets Teil der Gesundheitsfürsorge, aber lange Zeit durften sie nur als Krankenschwestern arbeiten. Heute gibt es viele Ärztinnen. Diese Frauen bereiteten ihnen den Weg.

Wusstest du das? Seacole kehrte arm und krank nach England zurück. Sie wurde mit der Krim-Medaille geehrt.

Mary Seacole

Als 1853 der Krimkrieg ausbrach, meldete sich die jamaikanisch-schottische Pflegerin Mary Seacole freiwillig, aber sie wurde abgelehnt – vermutlich aufgrund ihrer Herkunft. Unbeirrt reiste sie auf die Krim, eine Halbinsel im Schwarzen Meer, und errichtete das „British Hotel". Dort pflegte sie Soldaten, manchmal versorgte sie diese sogar auf dem Schlachtfeld.

Florence Nightingale

Entsetzt über die unhygienischen Zustände, in denen verwundete Soldaten im Krimkrieg behandelt wurden, säuberten die englische Sozialreformerin Florence Nightingale und ihr Team die rattenverseuchten Stationen und sorgten für eine angemessene Pflege. So konnte die Anzahl der Todesopfer deutlich reduziert werden. Nach dem Krieg gründete Nightingale eine Krankenpflegeschule in London (England).

Wusstest du das? Nightingale setzte als eine der Ersten Statistiken ein, um Zusammenhänge zwischen Gesundheit und Hygiene aufzuzeigen.

Wusstest du das?
Cavell wurde eine Nationalheldin und bekam später ein Staatsbegräbnis in der Westminster Abbey.

Edith Cavell
1914, zu Beginn des Ersten Weltkriegs, war die Engländerin Edith Cavell in Belgien bereits für ihre Pflegearbeit bekannt. Sie versorgte Verwundete aus beiden verfeindeten Kriegslagern und riskierte ihr Leben, um alliierten Soldaten zur Flucht aus dem besetzten Belgien zu verhelfen. Sie wurde wegen Spionage zum Tod durch Erschießen verurteilt.

Agnes Hunt
Trotz eines schmerzhaften Hüftleidens half Agnes Hunt unermüdlich körperlich behinderten Kindern. 1900 errichtete sie in ihrem Haus in Shrewsbury (England) ein Kindergenesungsheim. Später gründete sie mit dem Chirurgen Robert Jones ein großes Krankenhaus und eine Ausbildungsstätte für Knochen- und Gelenkkrankheiten.

Averil Mansfield
Averil Mansfield ist Wegbereiterin für Frauen in der Gefäßchirurgie, einem Gebiet, das bis dahin von Männern besetzt war. Sie wurde 1993 die erste Gefäßchirurgie-Professorin Großbritanniens. Zu ihrem vielseitigen medizinischen Wirken gehören Forschung und Lehre. Von 2009 bis 2010 war sie Präsidentin der British Medical Association.

Chien-Shiung Wu
Die experimentierende Physikerin

Chien-Shiung Wu war eine chinesisch-amerikanische Physikerin und am Bau der ersten Atombombe beteiligt.

Wu studierte von 1930-1934 an der Nationaluniversität Nanjing.

Übrigens ...
Da die Beziehungen zwischen den USA und China sich nach der Kommunistischen Revolution 1949 in China verschlechterten, durfte ich erst 1973 nach China zurückkehren.

Ausbildung

Chien-Shiung Wu wuchs in China auf und studierte Mathematik und Physik an der Universität in Nanjing. Ab 1936 forschte sie in den USA auf dem Gebiet der Radioaktivität. Ihr Lehrer Ernest Lawrence hatte einen Teilchenbeschleuniger entwickelt. Wu spaltete damit Uranatomkerne und erzeugte radioaktive Isotope (eine Atomart mit gleichvielen Protonen, aber unterschiedlich vielen Neutronen im Kern).

Was davor geschah ...

Die französische Wissenschaftlerin **Irène Joliot-Curie**, Tochter des Physikerpaars Marie und Pierre Curie, bekam 1935 den Nobelpreis für die Entdeckung der künstlichen Radioaktivität.

Der amerikanische Physiker **J. Robert Oppenheimer** leitete das Manhattan-Projekt und war maßgeblich am Bau der Atombombe beteiligt.

Das Manhattan-Projekt

Wu promovierte 1940 und erforschte in den USA weiter die Radioaktivität. Sie arbeitete am streng geheimen Manhattan-Projekt zum Bau einer Atombombe mit. Die verheerende Bombe wurde während des Zweiten Weltkriegs im August 1945 auf Hiroshima und Nagasaki in Japan abgeworfen.

Die erste Atomwaffe wurde am 16. Juli 1945 in der Wüste von New Mexico (USA) getestet.

Beta-Zerfall

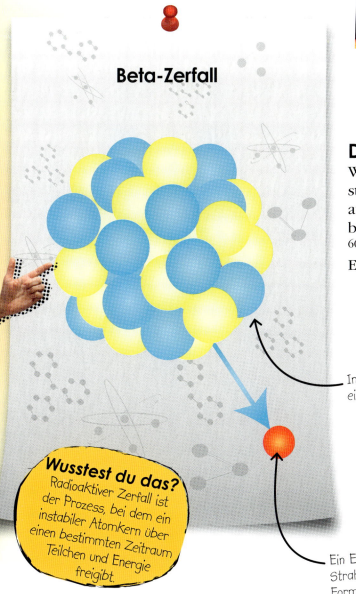

Instabiler Kern eines ^{60}Co-Atoms

Ein Elektron wird als Beta-Strahlung ausgesendet (eine Form des radioaktiven Zerfalls).

Wusstest du das?
Radioaktiver Zerfall ist der Prozess, bei dem ein instabiler Atomkern über einen bestimmten Zeitraum Teilchen und Energie freigibt.

Das Wu-Experiment

Wu bewies als Erste die nach dem Krieg aufgestellte Theorie, wonach Atomkerne nicht immer auf gleiche Art zerfallen. Sie führte das nach ihr benannte Experiment mit Beta-Strahlung von ^{60}Co-Kernen, einem radioaktiven Isotop des Elements Kobalt, durch.

Wie sie die Welt veränderte

Wu arbeitete am Bau einer schrecklichen Bombe mit, aber nach dem Krieg leistete sie einen großen praktischen Beitrag zur Kernphysik, die auch friedlich genutzt werden kann.

Was danach geschah ...

Melissa Franklin ist Physikerin an der Harvard-Universität in Massachusetts (USA). Ihr Team wies 1995 ein als Top-Quark bekanntes Elementarteilchen nach.

Die italienische Physikerin **Fabiola Gianotti** übernahm 2016 für fünf Jahre die Leitung des CERN, der europäischen Organisation für Kernforschung.

Dian Fossey

Die Zoologin erforschte die Berggorillas.

Berufswechsel

Dian Fossey wuchs in Kalifornien (USA) auf und arbeitete zunächst als Ergotherapeutin. Eine Reise im Jahr 1963 durch Afrika weckte ihr Interesse an Primaten. Sie erforschte Berggorillas und gründete bald darauf eine eigene Forschungsstation für die Menschenaffen in Ruanda.

Übrigens ...
Ich schrieb die Autobiografie Gorillas im Nebel, die später mit Sigourney Weaver in der Hauptrolle verfilmt wurde.

Tierische Freunde

In Ruanda waren Wilderer und ein schrumpfender Lebensraum der Grund dafür, dass es immer weniger Berggorillas gab. Fossey wollte die Gorillas verstehen und beschützen. Um ihnen nahe zu kommen, imitierte sie deren Verhalten, kratzte sich, schlug sich auf die Brust und ahmte die Rufe der Tiere nach.

Fossey wurde neben ihrem Lieblingsgorilla Digit begraben, der von Wilderern getötet wurde.

Rätselhafter Mord

Fossey erforschte 18 Jahre lang die Struktur und Rituale von Gorillafamilien. 1985 fiel sie einem unaufgeklärten Verbrechen zum Opfer. Ihre Forschung wird heute von der Stiftung „Dian Fossey Gorilla Fund International" fortgeführt.

Wie sie die Welt ... veränderte
Vor Fosseys Forschung wusste man wenig über Gorillas. Durch ihre Arbeit können wir die Tiere besser verstehen und schützen.

Killer-Virus

Um 1980 wurde die tödliche Krankheit Aids (erworbene Immunschwäche) weltweit zum Problem und kostete Millionen Menschen das Leben. Die französische Virologin Françoise Barré-Sinoussi untersuchte einen Erkrankten und entdeckte, dass das aggressive HI-Virus (Humanes Immundefekt-Virus) Auslöser von Aids ist.

Françoise Barré-Sinoussi

Die Virologin entdeckte das tödliche HI-Virus.

HI-Virus

Übrigens …
Obwohl Aids derzeit nicht heilbar ist, können Erkrankte mit Medikamenten länger und beschwerdefreier leben.

Kampf gegen Aids

Barré-Sinoussi reiste nach Afrika und Asien, um mehr über Aids herauszufinden. Sie wurde aktives Mitglied in Hilfsorganisationen, führte wichtige Laborversuche durch und war an wissenschaftlichen Publikationen beteiligt. 2008 bekam sie zusammen mit den Virologen Luc Montagnier aus Frankreich und Harald zur Hausen aus Deutschland den Nobelpreis für Medizin.

wie sie die Welt … veränderte

Barré-Sinoussis Erforschung des HI-Virus hat die Behandlung der Erkrankten verbessert und führt vielleicht eines Tages zur Entdeckung eines Heilmittels.

Rosalind Franklin

Rosalind Franklin spielte eine entscheidende Rolle bei der Entschlüsselung der DNA-Struktur, die in den Zellen die Erbinformationen enthält.

Die brillante Chemikerin kam dem Geheimnis des Lebens auf die Spur.

Wegweisendes Bild

Franklin wurde 1920 in London (England) geboren und studierte Naturwissenschaften an der Universität Cambridge. Damals wusste man schon, dass die DNA (Desoxyribonukleinsäure) eine Substanz im Zellkern ist und Erbinformationen trägt, aber nicht, wie das funktioniert. 1951 begann Franklin, die DNA-Struktur mit dem Wissenschaftler Maurice Wilkins zu erforschen. Mit einer Technik, die man Röntgenbeugung nennt, gelang Franklin ein als „Beugungsaufnahme Nr. 51" bekanntes Bild, das wie eine Strickleiter aussah und auf eine Doppelhelix-Struktur der DNA schließen ließ.

Übrigens … Mein Vater versuchte, mir eine wissenschaftliche Laufbahn auszureden.

Was davor geschah …

Der Schweizer Forscher **Johannes Friedrich Miescher** *entdeckte als Erster im 19. Jahrhundert das „Nuclein" (DNA). Erst 75 Jahre später erkannte man dessen Bedeutung.*

1915 erhielten **William und Lawrence Bragg** *(Vater und Sohn) für ihre Leistungen auf dem Gebiet der Röntgenbeugung den Nobelpreis für Physik.*

Der Wettlauf um die DNA

Auch die Biochemiker Francis Crick und James Watson erforschten die DNA. Wilkins zeigte Watson die „Beugungsaufnahme Nr. 51" ohne Franklins Zustimmung. Crick und Watson bezogen diese in ihre Forschung ein und veröffentlichten die Ergebnisse, ohne Franklin zu erwähnen: Die Doppelhelix-Struktur besteht aus zwei Strängen, die durch Basen verbunden sind. Bei der Vervielfältigung der DNA wird der Doppelstrang wie bei einem Reißverschluss in Einzelstränge getrennt, an denen sich neue Stränge anlagern.

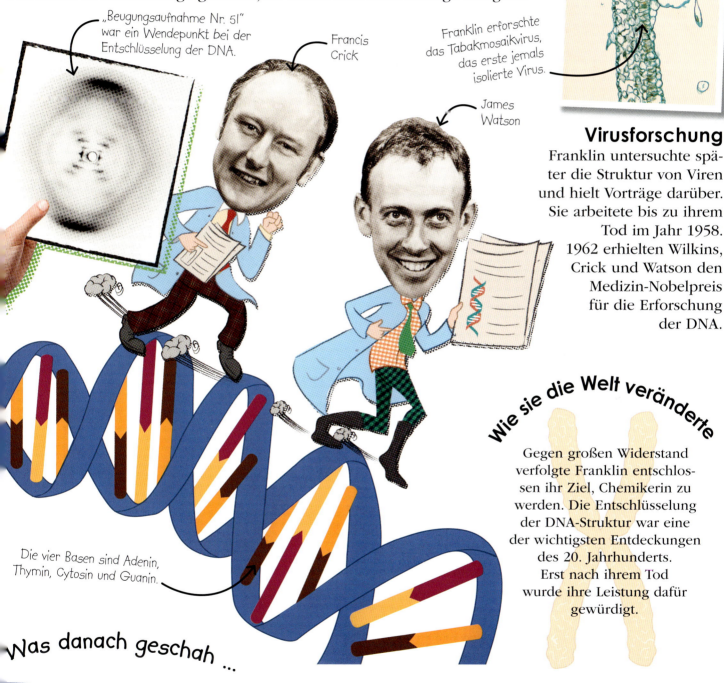

„Beugungsaufnahme Nr. 51" war ein Wendepunkt bei der Entschlüsselung der DNA.

Francis Crick

Franklin erforschte das Tabakmosaikvirus, das erste jemals isolierte Virus.

James Watson

Die vier Basen sind Adenin, Thymin, Cytosin und Guanin.

Virusforschung

Franklin untersuchte später die Struktur von Viren und hielt Vorträge darüber. Sie arbeitete bis zu ihrem Tod im Jahr 1958. 1962 erhielten Wilkins, Crick und Watson den Medizin-Nobelpreis für die Erforschung der DNA.

Wie sie die Welt veränderte

Gegen großen Widerstand verfolgte Franklin entschlossen ihr Ziel, Chemikerin zu werden. Die Entschlüsselung der DNA-Struktur war eine der wichtigsten Entdeckungen des 20. Jahrhunderts. Erst nach ihrem Tod wurde ihre Leistung dafür gewürdigt.

Was danach geschah ...

*Die Erforschung der DNA hat die **Forensik** (Gerichtsmedizin) revolutioniert. Da jede DNA einzigartig ist, kann ein Verbrecher durch DNA-Spuren, die er am Tatort hinterlässt, überführt werden.*

*Das 2003 vollendete **Humangenomprojekt** untersuchte die DNA mit dem Ziel, alle Gene des Menschen zu identifizieren: Wir haben etwa 24000 Gene, nur wenig mehr als Schimpansen.*

Die Gesellschaft wird von Menschen verändert, die sich engagieren und sich Gehör verschaffen. Im Lauf der Geschichte haben viele Frauen politische Kampagnen auf den Weg gebracht und ihre Ziele selbstbestimmt und unbeirrt verfolgt. Im Kampf für Gerechtigkeit setzten sie sich für die Gleichberechtigung von Frauen, religiösen Gruppen und ethnischen Minderheiten ein. Diese Aktivistinnen versuchten mit verschiedenen Mitteln, Unrecht zu überwinden und die Welt zu verbessern.

Olympe de Gouges

Die mutige politische Aktivistin trat für die Gleichheit von Frau und Mann ein.

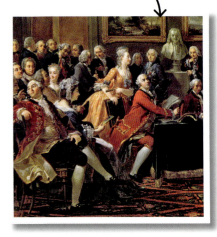

Künstler und Schriftsteller bei einer Lesung in einem Pariser Salon

Ein neues Leben in Paris

Olympe de Gouges wurde 1748 in Südwestfrankreich geboren und zog mit 22 Jahren nach Paris. Sie schloss sich einer Gruppe von Schriftstellern und Künstlern an, die sich in den Salons reicher Damen trafen. Bald schrieb sie Theaterstücke und Manifeste mit politischer Botschaft.

Übrigens ...
Eigentlich hieß ich Marie Gouze. Olympe de Gouges setzt sich aus den Namen meiner Eltern zusammen – Olympe Moisset und Pierre Gouze.

De Gouges Engagement führte zu ihrer Hinrichtung durch die Guillotine im Jahr 1793.

Die Revolution

1789 stürzten die Franzosen im Bestreben nach Freiheit und Gleichheit die Monarchie. De Gouges unterstützte die Revolutionäre, bis sie deren frauenfeindliche Haltung bemerkte. 1791 schrieb sie die *Erklärung der Rechte der Frau und Bürgerin*, die die Gleichberechtigung von Mann und Frau forderte.

Wie sie die Welt ... veränderte
De Gouges schrieb das erste Manifest für Frauenrechte. Die Engländerin Mary Wollstonecraft verfasste im Jahr darauf ein zweites.

Stanton studierte am Troy Female Seminar in New York.

Geborene Reformerin

Elizabeth Cady Stanton wurde 1815 in den USA geboren. Entgegen der damaligen Sitte besuchte sie als Mädchen die höhere Schule. Sie engagierte sich gegen Alkoholmissbrauch und Sklaverei. 1848 verfasste sie die Frauenrechtserklärung *Declaration of Sentiments*.

Übrigens … Ich war 20 Jahre lang Präsidentin der Frauenwahlrechtsvereinigung der USA.

Wie sie die Welt … Stantons Manifest legte den Grundstein dafür, dass Frauen in den USA 1920 das Wahlrecht zugesprochen wurde. **veränderte**

Allgemeines Wahlrecht

Obwohl die fortschrittlichen Nordstaaten den Amerikanischen Bürgerkrieg (1861–1865) gewannen, wollte die Mehrheit ein Wahlrecht nur für Männer. Stanton forderte ein allgemeines Wahlrecht für Männer und Frauen. Als sich die Frauenwahlrechtsgruppen 1890 zu einer nationalen Vereinigung zusammenschlossen, wurde Stanton deren Präsidentin.

Elizabeth Cady Stanton

Die erste Frauenrechtlerin der USA

Harriet Tubman
Ein langer, harter Kampf für Freiheit

Die Afroamerikanerin Harriet Tubman widmete ihr Leben dem Kampf gegen Ungleichheit und Unrecht in den USA.

Unfrei geboren

Tubman wurde um 1820 als Sklavin auf einer Farm in Maryland (USA) geboren. Sie floh nach Philadelphia, einem Bundesstaat, in dem Sklaverei verboten war. Sie entkam mithilfe von „Underground Railroad", einem Netzwerk von Sklavereigegnern, das geheime Wege und Schutzhäuser benutzte.

Hilfe für andere

In Freiheit vergaß Tubman die Menschen nicht, die sie zurückgelassen hatte. Sie riskierte oft ihr Leben, um Hunderten Sklaven – auch ihren Eltern – zur Flucht aus den Südstaaten in die Nordstaaten und nach Kanada zu verhelfen, wo es keine Sklaverei mehr gab.

- Nordstaaten
- Südstaaten
- → Wege der „Underground Railroad"

Was davor geschah ...

1619 erreichte das erste Schiff mit afrikanischen Sklaven Jamestown in Virginia (USA). Der **Sklavenhandel** begann.

1807 wurde der Sklavenhandel in England abgeschafft, vor allem dank des Politikers **William Wilberforce**.

Bürgerkriegsheldin

1861 kam es zum Bürgerkrieg in den USA. Tubman diente als Krankenschwester und Kundschafterin für die Nordstaaten, die die Sklaverei abschaffen wollten. Sie führte 300 Soldaten zum Combahee River in South Carolina, um 800 Sklaven die Flucht zu ermöglichen.

> **Übrigens ...**
> Obwohl ich nicht lesen und schreiben konnte, war ich eine herausragende Rednerin.

Sklavenhalter versenkten Minen im Combahee River, um Befreiungsaktionen wie die von Tubman zu verhindern.

Unermüdliche Aktivistin

1865 wurde in den USA die Sklaverei abgeschafft. Tubman stiftete ein Heim für alte und mittellose Schwarze und trat für die Gleichberechtigung von Afroamerikanern und für das Frauenwahlrecht ein. Sie starb mit 93 Jahren.

> **Wusstest du das?**
> Tubmans Spitzname war „Moses" nach dem Prophet in der Bibel, weil sie so viele Menschen in die Freiheit führte.

Wie sie die Welt veränderte

Obwohl sie in Armut und Sklaverei geboren wurde, entwickelte sich Tubman zu einer der wichtigsten und erfolgreichsten Aktivistinnen in der Geschichte der USA.

Was danach geschah ...

1920, sieben Jahre nach Tubmans Tod, erhielten **Frauen über 21 Jahren** das Wahlrecht in den USA.

US-Präsident **Lyndon B. Johnson** unterzeichnete 1965 in Gegenwart des Bürgerrechtlers Martin Luther King ein Gesetz, das afroamerikanischen Männern und Frauen das Wahlrecht zugestand.

Revolutionäre Kämpferin

Louise Michel arbeitete als Krankenschwester und versorgte während des Volksaufstands der Pariser Kommune von 1871 Verwundete. Die Kommune war ein revolutionärer Stadtrat, der nach dem verlorenen Krieg Frankreichs gegen Preußen die Kontrolle über Paris übernahm. Die Regierung versuchte zunächst erfolglos, die Macht zu übernehmen.

Aufständische Arbeiter verteidigen die Pariser Kommune.

Übrigens … 1888 überlebte ich ein Attentat eines Gegenrevolutionärs, der mir in den Kopf schoss.

Louise Michel
Die Revolutionärin kämpfte für eine Arbeiterregierung.

Der Platz vor der Basilika Sacré-Cœur in Paris ist nach Louise Michel benannt.

Exil und Rückkehr

Nach 72 Tagen wurde die Kommune von der französischen Regierung zerschlagen. Michel wurde angeklagt, sie habe die Regierung stürzen wollen. Sie wurde nach Neukaledonien (Südpazifik) verbannt, aber nach sieben Jahren begnadigt. Michel befürwortete zeitlebens die Revolution, wurde mehrfach verhaftet und starb mit 74 Jahren.

Wie sie die Welt … veränderte

Michels Heldenmut und fester Glaube an ihre Ideale machten sie zu einer weltweit gefeierten Revolutionärin.

Von Suttners Geburtshaus in Wien

Bertha von Suttner

Die Autorin und Pazifistin erhielt als erste Frau den Friedensnobelpreis.

Adelige Wurzeln

Bertha wurde 1843 als Gräfin Kinsky in Wien (Österreich) geboren und verliebte sich in Freiherr Arthur von Suttner. Weil dessen Familie gegen die Verbindung war, ging sie nach Paris (Frankreich) und arbeitete kurzzeitig für den schwedischen Erfinder Alfred Nobel. Später kehrte sie nach Wien zurück, heiratete von Suttner heimlich und zog mit ihm nach Russland.

Von Suttners Roman *Die Waffen nieder!*

Übrigens ...
Ich war die einzige Frau, die zur Eröffnung der ersten Den Haager Friedenskonferenz von 1899 zugelassen wurde.

Frühe Pazifistin

Von Suttner verfasste den erfolgreichen Antikriegsroman *Die Waffen nieder!*. Sie lehnte Krieg und Gewalt ab und widmete ihr Leben dem Pazifismus. Sie hielt Vorträge und reiste viel. Alfred Nobel stiftete vor seinem Tod den Großteil seines Vermögens für die Einrichtung eines Preises für außergewöhnliche Leistungen. Viele glauben, von Suttners Arbeit habe ihn auf die Idee eines Friedensnobelpreises gebracht, den sie 1905 erhielt.

Wie sie die Welt ... veränderte
Von Suttner engagierte sich als eine der Ersten für Frieden und humanitäre Zwecke. Viele ihrer Ideen beeinflussten die Vereinten Nationen.

Historische Momente

Einen Wandel herbeiführen, um Menschen und unseren Planeten zu schützen

Diese Frauen wirkten auf verschiedenen Gebieten, aber sie haben eines gemeinsam: Alle setzten sich für die Überwindung überholter Ideen ein.

Prinzessin Isabella von Brasilien

Wenn Kaiser Peter II. von Brasilien auf Reisen war, vertrat ihn seine Tochter Isabella. Sie nutzte ihre Macht, um 1888 das „Goldene Gesetz" zu verabschieden, das die Sklaverei in Brasilien abschaffte. Obwohl sie beim Volk beliebt war, waren die mächtigen Sklavenhalter verärgert. Sie und andere Gruppen, die unzufrieden mit der Herrschaft von Peter II. waren, stürzten im Jahr darauf die Kaiserfamilie.

Wusstest du das?
Isabella floh nach dem Sturz nach Frankreich, wo sie ihre letzten 30 Lebensjahre verbrachte.

Helen Keller

Die US-Amerikanerin Helen Keller verlor in ihrer Kindheit Seh- und Hörvermögen. Sie lernte mittels Zeichensprache, Lautäußerungen, Lippenlesen und Blindenschrift (Brailleschrift) zu kommunizieren. Sie war die erste Taubblinde mit Hochschulabschluss, schrieb zwölf Bücher und war Mitbegründerin einer Organisation, die sich weltweit für den Erhalt der Sehfähigkeit einsetzt.

Das Wort „Hallo" in Brailleschrift

Rachel Carson

Die US-amerikanische Meeresbiologin Rachel Carson erkannte die Auswirkung von chemischen Giften auf die Umwelt. In ihrem Buch *Der stumme Frühling* von 1962 bezeichnete sie das Pestizid DDT als Gefahr für Vögel und Ursache von Krebs beim Menschen. Carsons These wurde von Wissenschaftlern und der Öffentlichkeit gestützt. Nach Carsons Tod 1964 gründete die US-Regierung eine Umweltschutzbehörde und verbot DDT.

Wangari Maathai

1977 gründete die Kenianerin Maathai die sogenannte Grüngürtel-Bewegung, die sich für Baumpflanzungen, Umweltschutz und Frauenrechte einsetzt. Maathai verfolgte damit das Ziel, die Umwelt zu schützen und gleichzeitig die Lebenssituation von Frauen zu verbessern. Das stieß auf den Widerstand großer Unternehmen. Maathai wurde mehrfach verhaftet. 2002 wurde sie Mitglied der kenianischen Regierung und erhielt 2004 als erste Afrikanerin den Friedensnobelpreis.

Die Grüngürtel-Bewegung hat 51 Mio. Bäume gepflanzt.

Margaret Chan

Chan war Gesundheitsdirektorin in Hongkong (China), als 1997 und 2002 in Südostasien die Vogelgrippe- und SARS-Epidemien ausbrachen. Gegen erbitterten Widerstand dämmte Chan die Vogelgrippe durch die Tötung von 1,5 Mio. Hühnern ein. Von 2006–2017 stand sie der Weltgesundheitsorganisation (WHO) vor.

Emmeline Pankhurst

Für diese Feministin zählten nicht Worte, sondern Taten.

Sie stand an der Spitze der Frauenwahlrechtsbewegung in Großbritannien und sorgte für politische Gleichberechtigung.

In die Wiege gelegt

Emmeline Goulden wurde 1858 in eine Familie politischer Aktivisten geboren. Sie heiratete Richard Pankhurst, der für die Gleichberechtigung von Frauen eintrat. Später gründete sie eine Vereinigung, um für Frauen das Wahlrecht durchzusetzen.

Richard Pankhurst

Taten statt Worte

1903 gründete sie die Women's Social and Political Union (WSPU), die für Gleichberechtigung und das Wahlrecht eintrat. Eine Zeitung nannte die Mitglieder „Suffragetten" (engl. *suffrage* für „Stimmrecht"). Die Suffragetten warfen Scheiben ein und ketteten sich an Geländer, um auf ihre Anliegen aufmerksam zu machen.

Was davor geschah ...

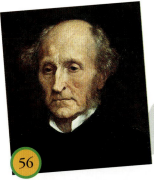

1876 regte der englische Politiker **John Stuart Mill** ein Frauenwahlrecht an. Sein Vorschlag wurde vom Parlament abgelehnt.

1893 räumte **Neuseeland** nach mehreren Parlamentsanträgen als erstes Land der Welt Frauen das Wahlrecht ein.

Ein Cartoon zeigt, wie eine Suffragette zwangsernährt wird.

Übrigens ... Auch meine drei Töchter Christabel, Sylvia und Adela waren Mitglieder der Suffragettenbewegung.

Hungerstreik

Viele Suffragetten kamen ins Gefängnis und traten in den Hungerstreik. Zu Beginn des Ersten Weltkriegs 1914 änderte Pankhurst die Richtung. Sie forderte britische Frauen zur Arbeit in Fabriken und auf dem Land auf, damit die Männer in den Krieg ziehen konnten.

Ein Sieg für die Wählerinnen

Der Kampf der Suffragetten war erfolgreich. 1918 erhielten britische Frauen das Wahlrecht, wenn sie mindestens 30 Jahre alt waren. Frauen in Deutschland durften ebenfalls ab 1918 wählen, wenn sie – wie Männer – 20 Jahre alt waren. Andere Länder folgten bald. Pankhurst starb 1928, kurz nachdem das Mindestalter wahlberechtigter Frauen auf 21 Jahre herabgesetzt worden war.

Eine Frau geht 1918 erstmals wählen.

Wusstest du das? 1887 eröffnete Pankhurst in ihrem Wohnhaus eine Begegnungsstätte, in der Frauen zusammen lernen und arbeiten konnten.

Wie sie die Welt veränderte

Pankhurst führte Tausende Suffragetten im Kampf gegen Geschlechterungleichheit an, damit Frauen die gleichen Rechte und Freiheiten wie Männern zustanden.

Was danach geschah ...

In den 1960er-Jahren kämpfte die **Frauenrechtsbewegung** weltweit für gesellschaftliche Gleichberechtigung und gleiche Gehaltszahlung.

2015 schätzte das **Weltwirtschaftsforum**, bis zu einer weltweiten Lohngleichheit zwischen Männern und Frauen könnten noch 118 Jahre vergehen.

Im Namen der Revolution

Rosa Luxemburg wurde 1870 in Polen geboren und fand als Jugendliche zur Politik. Sie war Anhängerin des Sozialismus, einer Gesellschaftsform, bei der alle Güter gerecht verteilt werden und Produktionsmittel wie Fabriken Volkseigentum sind. Sie glaubte, nur eine sozialistische Revolution brächte Chancengleichheit. Sie bereiste Europa, unterstützte Arbeiteraufstände und gründete in Deutschland den Spartakusbund mit.

Rosa Luxemburg

Die radikale Kämpferin wollte eine Revolution der Arbeiter.

Wie sie die Welt … veränderte

Luxemburg ließ ihr Leben im Kampf für ihre Überzeugungen. Ihr furchtloser Einsatz galt vielen als Vorbild.

Jung ermordet

Die deutsche Regierung fürchtete nach dem Ersten Weltkrieg Radikale wie Luxemburg, die zum Widerstand gegen die Regierung aufriefen. Im Januar 1919 wurde Luxemburg von Soldaten gefangen genommen und ohne Gerichtsverfahren erschossen.

Ein Spartakist wird im Rahmen einer Razzia verhaftet.

Kindheit in Nazideutschland
Die deutsche Politaktivistin Sophie Scholl wurde 1921 geboren. In ihrer Kindheit kamen die Nationalsozialisten unter Hitler an die Macht. Sophie Scholl und ihr Bruder Hans waren Teil der Hitlerjugend, aber sie wandten sich bald von der hasserfüllten Ideologie der Faschisten ab.

Sophie Scholl
Die Studentin lehnte sich gegen Hitler und die Nationalsozialisten auf.

Widerstandsbewegung
Während des Zweiten Weltkriegs studierte Scholl an der Universität München. Dort gründete sie mit anderen Studenten die „Weiße Rose" – eine kleine, gewaltfreie Widerstandsgruppe, die mit Flugblättern und Graffiti gegen die Nationalsozialisten kämpfte.

Was der Name „Weiße Rose" bedeutete, ist bis heute ungeklärt.

Tragisches Ende
Sophie und Hans Scholl und ihr Studienfreund Christoph Probst wurden vor Gericht wegen antifaschistischer Propaganda zum Tode verurteilt. Die mutigen Studenten wurden am Morgen darauf hingerichtet. Zeugen berichteten, Scholl habe bis zum Schluss gefasst und stark gewirkt.

Wie sie die Welt ... veränderte

Auch Jahrzehnte nach ihrem Tod ist Scholl in Deutschland und weltweit ein Symbol für Zivilcourage.

Rosa Parks

Die First Lady der Bürgerrechtsbewegung

In der Zeit der Rassentrennung in den USA führte Parks die Bürgerrechtsbewegung an. Ihr Mut führte zu einer neuen Gesetzgebung und mehr Gleichberechtigung.

Geteilte Gesellschaft

Die Afroamerikanerin Rosa Parks wurde 1913 geboren und wuchs zur Zeit der Segregation (diskriminierende Trennung von Menschen verschiedener Hautfarbe) in den USA auf. Es gab getrennte Schulen und getrennte öffentliche Bereiche für Schwarze und Weiße.

Getrennte Bereiche für Schwarze und Weiße bei einem gesellschaftlichen Ereignis in Alabama (USA).

Widerstand

Am 1. Dezember 1955 fuhr Parks mit dem Bus in Montgomery, Alabama, nach Hause. Der Fahrer forderte sie auf, ihren Sitz einem Weißen zu überlassen. Sie weigerte sich und wurde verhaftet.

Was davor geschah ...

*1954 hob der oberste Gerichtshof der USA die Trennung von schwarzen und weißen Kindern an **Schulen** auf.*

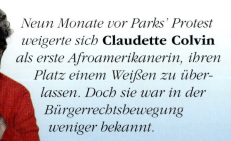

*Neun Monate vor Parks' Protest weigerte sich **Claudette Colvin** als erste Afroamerikanerin, ihren Platz einem Weißen zu überlassen. Doch sie war in der Bürgerrechtsbewegung weniger bekannt.*

Solidarität

Ihre Verhaftung führte zu einem stadtweiten Boykott von Bussen, zu dem der Bürgerrechtler Martin Luther King aufrief. Die Schwarzen unterstützten Parks, indem sie zu Hause blieben oder zur Arbeit liefen. Nachdem die Stadtbusse fast ein Jahr lang nahezu ungenutzt blieben, wurde 1956 die Trennung in Bussen aufgehoben.

Rosa Parks beim Marsch von Selma nach Montgomery

Übrigens …
Ich erhielt viele Auszeichnungen wie den Martin Luther King Award und die Freiheitsmedaille des US-Präsidenten.

Späteres Leben

Auch nach dem Busboykott kämpfte Parks gegen die Diskriminierung. 1965 nahm sie an den Märschen von der Stadt Selma nach Montgomery teil, um gegen die Beschränkung des Wahlrechts für Schwarze zu demonstrieren. Sie lief an der Seite von King. Bis zu ihrem Tod 2005 trat Parks für Gleichberechtigung ein.

Wie sie die Welt veränderte

Ein einfacher Akt des Widerstands von Parks wurde zu einem der auslösenden Momente der Bürgerrechtsbewegung und bewies, dass auch die Tat Einzelner einen gesellschaftlichen Wandel bewirken kann.

Wusstest du das?
Barack Obama sagte, mit einer einfachen Geste habe Parks geholfen, die USA und die Welt zu verändern.

Was danach geschah …

Martin Luther King hielt 1963 seine berühmte Rede „Ich habe einen Traum". Im Folgejahr wurde die Segregation in den USA für gesetzeswidrig erklärt.

Barack Obama schrieb 2008 Geschichte, als er der erste afroamerikanische Präsident der Vereinigten Staaten wurde.

Aung San Suu Kyi
Freiheitskämpferin

Übrigens ...
Ich bin dafür bekannt, frische Blüten im Haar zu tragen, die ich oft von Unterstützern erhalte.

Aung San Suu Kyi befreite ihr Heimatland Myanmar in Südostasien mit friedlichen Protesten von den Fesseln der Diktatur.

In den Fußstapfen des Vaters

Aung San Suu Kyi wurde 1945 in Rangun (heute Myanmar) geboren. Ihr Vater, General Aung San, war ein Nationalheld und wesentlich an der Befreiung des Landes von britischer Herrschaft beteiligt. Suu Kyi wuchs in Indien auf, studierte in Großbritannien und ließ sich dort nieder.

Was davor geschah ...

Das birmanische Reich wurde im 11. Jahrhundert unter **König Anawratha** *gegründet.*

Nach den **Britisch-Birmanischen Kriegen** *wurde Birma 1886 britische Kolonie.*

Hausarrest

Als Suu Kyi 1988 in ihre Heimat zurückkehrte, herrschte dort Saw Maung. Wer sich gegen seine Diktatur auflehnte, wurde verfolgt. Suu Kyi kritisierte offen das Regime und organisierte friedliche Proteste. Dafür wurde sie mehrfach und insgesamt 15 Jahre lang unter Hausarrest gestellt. Suu Kyi gewann mit ihrer Partei National League for Democracy (NLD) die Wahl von 1990, doch das Militärregime weigerte sich, die Macht abzugeben.

Htin Kyaw, Präsident von Myanmar

Staatsämter

Suu Kyi wurde 2010 aus dem Hausarrest entlassen. Die NLD gewann die nächste Wahl, doch Suu Kyi durfte nicht Präsidentin werden, weil sie mit einem Briten verheiratet war. 2016 übernahm ihr Berater Htin Kyaw das Amt. Suu Kyi wurde Regierungschefin und Außenministerin.

Wusstest du das?
1991 erhielt Suu Kyi den Friedensnobelpreis für ihr Engagement für Demokratie und Menschenrechte.

Die NLD wurde wichtigste demokratische Partei in Myanmar.

Wie sie die Welt veränderte

Suu Kyi ist der Beweis dafür, was ein einzelner mutiger Mensch mit friedlichen Mitteln gegen unablässige Gewalt ausrichten kann.

*1947 handelte **General Aung San** mit den Briten die vollständige Unabhängigkeit Birmas aus. Das Land heißt seit 1989 offiziell Myanmar.*

*Nach einem Putsch übernahm Militärdiktator **General Ne Win** 1962 die Regierung und stürzte das Land in Unruhen.*

Malala Yousafzai

Ein mutiges Mädchen in Pakistan setzt sich für Bildung ein.

Übrigens ...
Ich begann meinen Blog unter einem anderen Namen, um meine Identität zu schützen.

Schon als Schulkind machte sich Malala Yousafzai einen Namen, weil sie für das Recht auf Bildung für Mädchen ihre Stimme erhob.

Bedrohung durch die Taliban

In Nordwestpakistan hatten die Taliban, eine religiöse Extremistengruppe, Mädchen den Schulbesuch verboten. Anfang 2009 berichtete Yousafzai mit nur elf Jahren in einem Internetblog über diese Ungerechtigkeit. Ihr Mut brachte ihr Anerkennung und sogar einen nationalen Jugendfriedenspreis ein, aber auch die Aufmerksamkeit der Taliban.

Was davor geschah ...

*Die Waliser Geschäftsfrau **Ann Cotton** gründete 1993 die Organisation Camfed zur Förderung der Ausbildung und zur Stärkung junger afrikanischer Frauen.*

*Malalas Vater **Ziauddin Yousafzai** war Lehrer. Sein Einsatz war seiner Tochter ein Vorbild. Heute ist er UN-Sonderberater für Erziehung.*

Attentat

Obwohl Yousafzai Morddrohungen erhielt, besuchte sie weiterhin die Schule. Im Oktober 2012 stieg ein bewaffneter Taliban in ihren Schulbus und schoss ihr in den Kopf. Sie entging dem Tod, aber eine Kugel beschädigte ihr Gehirn. Nach der Erstversorgung in Pakistan wurde sie in Großbritannien weiterbehandelt.

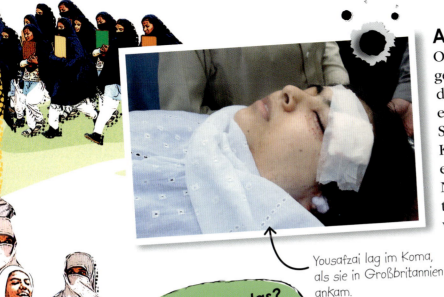

Yousafzai lag im Koma, als sie in Großbritannien ankam.

Wusstest du das?
Die Malala-Stiftung setzt sich weltweit für das Recht von Mädchen auf eine hochwertige Ausbildung von mindestens 12 Jahren ein.

Yousafzai mit dem Friedensnobelpreis

Wie sie die Welt veränderte
Dank Yousafzais Mut und Beharrlichkeit erneuerten die Vereinten Nationen das Versprechen, für das Recht auf Bildung aller Kinder weltweit einzutreten. In ihrer Heimat Pakistan dürfen nun alle Kinder zur Schule gehen.

Danach

Nur Monate nach dem Attentat war Yousafzai gesund. Sie besuchte die Schule in Großbritannien, hielt eine Rede vor den Vereinten Nationen in New York (USA) und schrieb eine Autobiografie. 2014 wurde sie als jüngste Person aller Zeiten mit dem Friedensnobelpreis ausgezeichnet.

Was danach geschah ...

2014 startete u. a. die britische Schauspielerin **Emma Watson** die UN-Kampagne HeForShe, die Männer und Frauen für Fragen der Geschlechtergleichheit interessieren will.

Die norwegische Regierung unter Ministerpräsidentin **Erna Solberg** kündigte an, ab 2014 Bildung in Afrika finanziell zu unterstützen.

Führungskräfte

Immer mehr Frauen nehmen heute Spitzenpositionen in Staatsämtern ein. Auch in der Vergangenheit gab es Königinnen, Präsidentinnen und Freiheitskämpferinnen – sie führten ihre Länder zu Fortschritt und Wohlstand und waren entschlossen, auch unter schwierigen Umständen ihre Ziele zu erreichen. Ihr Mut und ihr Vermächtnis sind Frauen von heute ein Vorbild.

Johanna von Orléans

Vom Bauernmädchen zur Nationalheldin

Sie führte die Truppen ihres Landes an, beendete eine Belagerung, half dem Kronprinzen auf den Thron und wurde hingerichtet – alles vor ihrem 20. Geburtstag.

In Gottes Namen

Johanna wurde 1412 in eine französische Bauernfamilie geboren. Mit 13 glaubte sie, Engel und Heilige sprächen zu ihr und offenbarten ihr Gottes Plan: Johanna sollte helfen, die Engländer im Hundertjährigen Krieg zu besiegen und den Thronerben Karl zum König Frankreichs zu machen. Erst einige Jahre später traute sich Johanna, Karl davon zu erzählen.

Der Hundertjährige Krieg zwischen Frankreich und England dauerte eigentlich sogar 116 Jahre.

Bereit zum Kampf

Johanna ritt elf Tage durch Feindesland, um Karl von ihrem Auftrag zu berichten. Zunächst nahm er sie nicht ernst, doch schließlich konnte Johanna ihn überzeugen. Königliche Handwerker fertigten eine besondere Rüstung für sie. Sie war bereit, die französische Armee in den Kampf zu führen.

Was davor geschah ...

Der Hundertjährige Krieg begann, als **König Eduard III.** von England Anspruch auf den französischen Thron erhob.

Englands erfolgreichster Heerführer war Eduards ältester Sohn, **Edward of Woodstock**, den die Franzosen „Schwarzer Prinz" nannten.

Jungfrau von Orléans

Ermutigt durch Johannas göttlichen Auftrag marschierte die Armee in die Stadt Orléans, die von den Engländern seit sechs Monaten belagert wurde. Innerhalb von Tagen beendeten die zuversichtlichen Franzosen die Belagerung. Die Engländer flüchteten. Johanna begleitete Karl nach Reims, wo er 1429 zum König gekrönt wurde. Johannas göttlicher Auftrag war erfüllt.

Übrigens ...
Meine beiden Brüder Jean und Pierre kämpften in Orléans an meiner Seite.

Bitteres Ende

Fast ein Jahr darauf wurde Johanna gefangen genommen und den Engländern übergeben. Sie befanden sie der Ketzerei schuldig. Am 30. Mai 1431 wurde sie in der Stadt Rouen vor 10 000 Zuschauern auf dem Scheiterhaufen verbrannt.

Wie sie die Welt veränderte

Johannas Tapferkeit und unerschütterlicher Glaube an den göttlichen Auftrag machten sie zu einem Symbol für Mut, Patriotismus und Glauben.

Was danach geschah ...

1453 endete der Hundertjährige Krieg mit einem entscheidenden Sieg der Franzosen in der **Schlacht bei Castillon**.

Fast 500 Jahre nach dem Tod Johannas sprach **Papst Benedikt XV.** *sie heilig. Ihr Gedenktag ist ihr Todestag am 30. Mai.*

Die Herrscherrolle war oft Männern vorbehalten. Doch es gab in der Geschichte auch mächtige Frauen, die bleibenden Eindruck hinterlassen haben.

Top-Königinnen

Von streitlustigen Pharaoninnen bis zu mächtigen Kaiserinnen

Hatschepsuts Namenskartusche – ihr Name in Hieroglyphen – bedeutet „die Erste der vornehmen Damen".

Wusstest du das?
Hatschepsut wurde möglicherweise von Thutmosis III. ermordet, den sie im Kindesalter um den Thron gebracht hatte.

Hatschepsut

Hatschepsut regierte Ägypten ab 1473 v. Chr. für ihren minderjährigen Stiefsohn. Sie erklärte sich zur Alleinherrscherin und kleidete sich wie ein Mann. Sie gilt als eines der wichtigsten Oberhäupter des alten Ägypten.

Kleopatra stellte sich als Wiedergeburt der Göttin Isis dar.

Kleopatra

Kleopatra war eine skrupellose, intelligente Herrscherin, die Ägypten vor den vordringenden Römern schützen wollte, indem sie Bündnisse mit mächtigen Römern wie Julius Caesar schmiedete. Schließlich wurde Ägypten doch von Rom besiegt und Kleopatra beging 30 v. Chr. Selbstmord.

Eleonore von Aquitanien

Eleonore war eine der mächtigsten Persönlichkeiten des Mittelalters: Sie heiratete zwei Könige und brachte zwei weitere zur Welt. Als Königin von Frankreich und später von England half sie ihren Ehemännern bei den Regierungsgeschäften. Sie regierte England, als ihr Sohn Richard I. (Löwenherz) auf Kreuzzug war.

Eleonore stammte aus der reichsten Familie Frankreichs und hatte ein eigenes Wappen.

Sultanin Raziah

Raziah al-Din war die einzige Herrscherin des Sultanats Delhi, eines muslimischen Königreichs im Norden des heutigen Indien. Ihr Vater traute seinen Söhnen nicht viel zu und vermachte deshalb seiner Tochter den Thron. Raziah führte die Armee an und regierte vier Jahre lang. 1240 wurde sie von Adligen abgesetzt, die keiner Frau folgen wollten.

Das nach der Königin benannte Viktoria-Kreuz ist die höchste Kriegsauszeichnung der britischen Armee.

Königin Viktoria

Viktoria war ab 1837 Oberhaupt des Vereinigten Königreichs von Großbritannien und des British Empire. Zu dessen Blütezeit regierte Viktoria über 450 Mio. Untertanen, fast ein Viertel der Weltbevölkerung. Sie herrschte mehr als 63 Jahre lang in einer Zeit wachsenden Wohlstands und der Industrialisierung.

Katharina die Große

Die Tochter einer deutschen Fürstin führte Russland aus der Vergangenheit in die Zukunft.

Dienstälteste Herrscherin Russlands

Einladung nach Russland

Sophie Auguste Friederike von Anhalt-Zerbst wurde 1729 in Deutschland geboren. Mit 14 Jahren wurde sie von Zarin Elisabeth an den russischen Hof eingeladen, um Elisabeths Neffen und Thronfolger Großfürst Peter kennenzulernen und zu heiraten.

Großfürst Peter

Krönender Moment

Großfürst Peter und Sophie heirateten 1745 und die Braut nahm den Namen Katharina an. Kurz nachdem Peter 1762 Zar wurde, beteiligte sich Katharina an einem Staatsstreich gegen ihren Ehemann, zwang ihn zum Abdanken und ließ ihn gefangen nehmen. Am 12. September 1762 wurde Katharina russische Zarin. Ihre ruhmreiche Herrschaft währte drei Jahrzehnte.

Was davor geschah ...

Im 6. Jahrhundert nutzte **Theodora I.** ihren politischen Einfluss, um das Leben von Frauen im Byzantinischen Reich durch radikale Reformen zu verbessern.

Katharina von Medici war im 16. Jahrhundert die mächtige Königin Frankreichs. Drei ihrer Söhne folgten ihr auf den Thron.

Zeit für einen Wandel

Katharina reformierte Russland, erweiterte die Landesgrenzen, setzte eine neue Verwaltungsstruktur in den russischen Bezirken durch und gründete Schulen. Zudem förderte sie die Künste und entwickelte die Hauptstadt Sankt Petersburg zu einem führenden Kulturzentrum.

Katharina ließ das Eremitage-Theater in Sankt Petersburg bauen.

Übrigens ...
Ich war eine große Kunstsammlerin. Meine erworbenen Gemälde, Skulpturen und andere Schätze bilden den Grundstock des Eremitage-Museums in Sankt Petersburg.

Aufgeklärte Zarin

Katharina stand auch an der Spitze der Aufklärung – diese neue Weltsicht stellte den Verstand in den Mittelpunkt und brachte neue Erkenntnisse in Wissenschaft, Politik und Philosophie. Katharina schrieb Briefe mit Philosophen wie den Franzosen Diderot und Voltaire und verfasste selbst zahlreiche Werke. Nach 34 Jahren auf dem Thron starb sie 1796 an einem Schlaganfall.

Denis Diderot

Wusstest du das?
Katharina wurde in einem reich verzierten, in goldenes Tuch eingehüllten Sarg begraben.

Wie sie die Welt veränderte

Katharina die Große bescherte Russland ein Goldenes Zeitalter und brachte einer schwer geplagten Nation den Wandel. Getrieben von Ehrgeiz und dem Wunsch nach Fortschritt modernisierte sie das Land und strebte nach Gebietserweiterung, Bildung und Aufklärung.

Was danach geschah ...

Im 18. Jahrhundert war **Maria Theresa** von Österreich 40 Jahre lang Erzherzogin von Österreich und Königin von Ungarn und Böhmen. Sie setzte viele große Reformen um.

Königin Viktoria regierte 63 Jahre lang in Großbritannien, führte radikale Veränderungen in der Regierungspolitik ein und erweiterte das Empire um weitere Gebiete.

Wu Zetian

Die erste und einzige Kaiserin Chinas

Zum Herrschen geboren

Wu Zetian wurde 624 in Binghzou (China) geboren und lernte als Konkubine (Zweitfrau) von Kaiser Taizong, wie man ein Land führt. Nach seinem Tod wurde sie Konkubine von Kaiser Gaozong. Zetian begann, im Hintergrund ihren Einfluss zu vergrößern, sie gelangte zu Macht und gewann Verbündete. Nach Gaozongs Tod im Jahr 690 wurde Zetian Kaiserin Chinas.

Zetian ließ beeindruckende Buddha-Statuen in die Longmen-Grotten meißeln.

Goldenes Zeitalter

Während ihrer 15-jährigen Herrschaft reformierte Zetian das Land, baute das Bildungssystem aus und verbesserte die landwirtschaftlichen Methoden. Sie warb ihre Mitarbeiter nach Können und nicht nach Status an und bemühte sich um die Pflege internationaler Beziehungen. Sie blieb bis 705 im Amt, dann wurde sie von Feinden am Hof gestürzt. Kurz darauf starb sie.

Übrigens ...
Unter meiner Herrschaft entstand die berühmte Seidenstraße, ein riesiges Straßennetz, das China neue Handelsmöglichkeiten eröffnete.

Wie sie die Welt ... veränderte
Zetian wurde durch ihren Ehrgeiz chinesische Kaiserin. Unter ihrer Herrschaft genoss das Reich Wohlstand und Frieden.

Mächtiges Paar

Taytu Betul war adliger Herkunft und glücklich verheiratet mit dem König Sahle Maryam von Shewa, einer Region Äthiopiens in Afrika. Sie war an der Gründung Addis Abebas beteiligt, das 1886 Hauptstadt Äthiopiens wurde. 1889 wurde ihr Mann zu Kaiser Menelik II. gekrönt und sie wurde Kaiserin. Als Italien Äthiopien unterwerfen wollte, riet Betul ihrem Mann, Italien den Krieg zu erklären.

Kaiser Menelik II.

Übrigens ...
Während des Kriegs übermittelten Spione mir wichtige Informationen und verschafften Äthiopien so einen Vorteil.

Taktisches Genie

Die Schlacht von Adua von 1896 war ein Wendepunkt im Ersten Italienisch-Äthiopischen Krieg. Betul führte ein eigenes Bataillon an, als Äthiopien Italien besiegte. Die Niederlage verpasste dem Wunsch der Europäer, Afrika zu kolonialisieren, einen Dämpfer. Später kümmerte sich Betul um Handelsbeziehungen und die Modernisierung ihres Landes.

Wie sie die Welt ... veränderte
Kaiserin Taytu Betul wollte verhindern, dass Äthiopien eine europäische Kolonie wurde. Durch ihr militärisches Geschick konnte sie ihr Land schützen.

Italienisches-Bataillon

Äthiopische Truppen

Taytu Betul

Die äthiopische Kaiserin führte ihr Land in der Schlacht von Adua zum Sieg.

Elisabeth I.

Die Königin herrschte mit Herz, Kraft und Verstand.

Sie war eines der bedeutendsten Oberhäupter Englands. Während der sagenhaften 44 Jahre ihrer Regentschaft stieg England zur Weltmacht auf.

Wusstest du das?
Trotz des langjährigen Machtkampfs sind sich Elisabeth I. und ihre Rivalin Maria I. von Schottland nie begegnet.

König Heinrich VIII. mit Elisabeths Mutter, Anne Boleyn

Schwere Kindheit

Elisabeth war zwei Jahre alt, als ihr Vater Heinrich VIII. ihre Mutter 1536 hinrichten ließ, weil sie keinen Sohn gebar. Elisabeth und ihre ältere Halbschwester Maria mussten den Hof verlassen. Später wurden sie zurückgebracht und in die Thronfolge eingereiht. Nach Marias Tod im Jahr 1558 wurde Elisabeth Königin.

Das Goldene Zeitalter

Unter der Herrschaft der katholischen Halbschwester Maria I. wurden Protestanten verfolgt. Elisabeth bemühte sich als Königin um religiöse Stabilität. Der Handel blühte. Seefahrer wie Sir Francis Drake erkundeten im Ausland neue Gebiete für England. Elisabeths Regierungszeit war eine Zeit großer kultureller Errungenschaften und brachte hervorragende Künstler wie den Dramatiker William Shakespeare hervor.

Was davor geschah ...

Maria I., *wegen der Protestantenverfolgung als „Maria die Blutige" bekannt, war die erste rechtmäßige Königin Englands.*

William Cecil *war Elisabeths engster Vertrauter und einer der wenigen, der ihr fast ihr ganzes Leben lang zur Seite stand.*

Erbitterte Rivalinnen

Elisabeths größte Herausforderung war wohl der Machtkampf mit ihrer Cousine, Königin Maria I. von Schottland. Diese beanspruchte den englischen Thron und stand im Zentrum einer Verschwörung gegen Elisabeth. 1587 ließ Elisabeth Maria schweren Herzens hinrichten.

Todesurteil für Maria I. von Schottland

Übrigens …
Ich zog mich gern schick an. Viele Frauen kopierten meinen Stil. Als meine Zähne faulig wurden, schwärzten sich sogar einige von ihnen die Zähne.

Die Spanische Armada

Der Sieg über die scheinbar unbesiegbare spanische Flotte („Armada") 1588 war Elisabeths größter militärischer Triumph. König Philipp II. von Spanien entsandte 130 Schiffe über den Ärmelkanal, um England zu erobern. Obwohl die englische Marine in der Unterzahl war, gelang es (auch dank des stürmischen Wetters), die Armada zu versenken.

Wie sie die Welt veränderte

Elisabeth war eine kluge, selbstbewusste Politikerin und läutete eine Zeit des Friedens und Wohlstands ein. Sie blieb ihr Leben lang unverheiratet.

Was danach geschah …

Unter Elisabeths Herrschaft wuchs das **Britische Weltreich**. Zu dessen Blüte umfasste es etwa ein Viertel der Landfläche der Erde.

Königin Elisabeth II. ist Großbritanniens dienstälteste Monarchin. Sie repräsentiert seit 1952 das Land, hat aber gemäß Verfassung kaum politische Macht.

Sacajawea

Sacajawea war eine Häuptlingstochter vom Stamm der Shoshone und führendes Mitglied einer Expedition in den „Wilden Westen" der USA.

Kundschafterin, Dolmetscherin und Friedensstifterin

Die Hidatsa lebten im heutigen North Dakota (USA).

Wusstest du das?
Fast alles, was wir über Sacajawea wissen, stammt aus Lewis' und Clarks Reisetagebüchern.

Entführt
Die Shoshone-Häuptlingstochter Sacajawea wurde um 1788 geboren. Mit zwölf Jahren wurde sie vom befeindeten Stamm der Hidatsa gefangen genommen und nach Osten verschleppt. Einige Jahre darauf wurde sie die Frau eines kanadischen Pelztierjägers.

Nach Westen
1804 begegnete Sacajawea dem Expeditionstrupp unter Meriwether Lewis und William Clark, die den rauen Westen der USA erkundeten, um einen Weg zum Pazifik zu finden. Sie gesellte sich mit Ehemann und Baby dazu und diente ihnen als Dolmetscherin und Kundschafterin. Die Anwesenheit der Frau und des Kindes schützte die Gruppe: Die Indianer empfingen sie freundlich.

Was davor geschah ...

Die **Shoshone** besiedelten den Westen der heutigen USA seit etwa 500, wie Funde aus der Region beweisen. Die Europäer stießen erst viel später in dieses Gebiet vor.

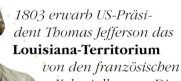

1803 erwarb US-Präsident Thomas Jefferson das **Louisiana-Territorium** von den französischen Kolonialherren. Diese Region sollten Lewis und Clark erkunden.

Übrigens ...
Während der Reise stieß ich unerwartet auf meinen Bruder, den ich seit meiner Entführung nicht mehr gesehen hatte. Er war nun Shoshone-Häuptling.

Sacajawea zierte 2000 eine US-Dollarmünze.

Kurzes Leben
Nach sieben Monaten und Tausenden Kilometern erreichte die Expedition ihr Ziel – den Pazifik. Es heißt, Sacajawea sei wenige Jahre später mit nur 25 Jahren gestorben und Clark habe sich um ihre beiden Kinder gekümmert.

Meriwether Lewis

William Clark

Sacajawea war wichtiges Mitglied einer Expedition, die die USA nachhaltig veränderte: Sie bereitete den Weg für die Besiedlung des Westens. So entwickelte sich die junge Nation, die heute zu den wohlhabendsten und mächtigsten Staaten der Welt zählt.

Wie sie die Welt veränderte

Was danach geschah ...

1869 wurde die erste **Bahnverbindung** *zwischen West- und Ostküste fertiggestellt und brachte viele Menschen und Wohlstand in den „Wilden Westen".*

Die vielen Menschen vertrieben die Indianer aus ihrem Land. **Häuptling Washakie** *von den östlichen Shoshone musste mit seinem Volk in ein Reservat in Wyoming ziehen.*

Maria Quitéria

Die junge Heldin Brasiliens kämpfte in Uniform für die Unabhängigkeit.

Übrigens …
Ein Jahrhundert nach meinem Tod wurde ich 1953 zur Schutzpatronin der brasilianischen Armee ernannt.

Frühe Übung

Maria Quitéria wuchs auf dem Bauernhof ihres Vaters in Bahia auf, wo sie jagte, ritt und mit Waffen trainierte. So konnte sie im brasilianischen Unabhängigkeitskrieg (1822–1824) gegen die portugiesischen Kolonialherren kämpfen. Sie war für ihren Mut und die Fähigkeit bekannt, die zahlenmäßig überlegenen Portugiesen aus dem Hinterhalt zu überfallen.

Quitéria erhielt den Kaiserlichen Orden vom Kreuz des Südens.

Militärische Ehren

Quitéria wurde erst zum Fähnrich und dann zum Leutnant befördert und mit dem höchsten Verdienstorden ausgezeichnet. 1825 unterzeichneten Portugal und Großbritannien einen Vertrag, der Brasilien die Unabhängigkeit zugestand.

Wie sie die Welt …
Durch ihren außergewöhnlichen Mut in Krisensituationen spielte sie eine wichtige Rolle im Kampf um Brasiliens Unabhängigkeit.

veränderte

Wortgewandt

Von klein auf fragte sich Dolores Ibárruri, warum einige Menschen arm und andere reich waren. Sie selbst stammte aus ärmlichen Verhältnissen. Sie begann unter dem Namen „La Pasionara" („die Passionsblume") ihre Gedanken mündlich und schriftlich darzulegen. 1920 trat sie der Kommunistischen Partei Spaniens bei, die dafür eintrat, dass alles Eigentum dem Volk gehört und jeder Mensch Anteil daran hat.

> **Übrigens …**
> Mit meinen Reden, die auch im Radio übertragen wurden, habe ich vor allem Frauen auf die Seite der Republikaner gebracht.

Plakat „Gewinne den Krieg" der Kommunistischen Partei von 1937

Emblem der Partido Comunista de España (PCE), der Kommunistischen Partei Spaniens

Schlachtruf

1936 brach der Spanische Bürgerkrieg aus. Mit ihren flammenden Reden und dem Ruf „¡No pasarán!" („Sie werden nicht durchkommen!") unterstützte Ibárruri die Truppen der kommunistenfreundlichen Republikaner. Nach deren Niederlage ging sie ins Exil in die Sowjetunion. Nach ihrer Rückkehr nach Spanien 1977 wurde sie Parlamentsmitglied. Bis zu ihrem Tod 1989 trat sie für den Kommunismus ein.

Wie sie die Welt … veränderte

In einer von Männern dominierten Kriegszeit verschaffte sich Ibárruri als politische Anführerin Gehör.

Dolores Ibárruri

Die spanische Kommunistin trat für eine gerechtere Gesellschaft ein.

Eleanor Roosevelt

Die First Lady der Welt

Eleanor Roosevelt wollte während der Präsidentschaft ihres Ehemanns nicht zurückstehen und trat bis zuletzt für Menschenrechte ein.

Wusstest du das? Als Kind war Roosevelt so ernst und scheu, dass ihre Mutter sie „Granny" (Oma) nannte.

Roosevelt im englischen Internat

Kurze Kindheit

Eleanor Roosevelt wurde 1884 in den USA in eine reiche Familie geboren und verlor mit zehn Jahren die Eltern. Mit 15 schickte man sie auf ein Internat bei London (England), wo die feministische Direktorin sie zu eigenständigem Denken erzog.

Aktive First Lady

1905 heiratete sie Franklin Roosevelt. Als er 1933 US-Präsident wurde, veränderte sie die Rolle der First Lady: Sie gab Pressekonferenzen und trat engagiert für Bürgerrechte sowie die Anliegen von jungen Menschen und Frauen ein. Sie schrieb auch eine Zeitungskolumne, die „Mein Tag" hieß.

Was davor geschah ...

Die 1215 vom englischen König Johann unterzeichnete **Magna Carta** *war ein Wendepunkt in der Geschichte der Menschenrechte.*

Die Menschenrechte standen im 18. Jahrhundert im Zentrum der **Amerikanischen und Französischen Revolutionen**.

Menschenrechte

Eleanor Roosevelt wurde nach der Amtszeit ihres Mannes 1946 erste Vorsitzende der Menschenrechtskommission der Vereinten Nationen (UN). Zwei Jahre darauf war sie treibende Kraft hinter der „Allgemeinen Erklärung der Menschenrechte", die allen Menschen gleiche Rechte und Freiheiten zugesteht. Roosevelt betrachtete dies als ihre größte Leistung.

Roosevelt 1960 mit Präsident John F. Kennedy

Übrigens ...
Ich schloss Männer von meinen Pressekonferenzen aus und brachte Zeitungsverlage dazu, Frauen anzustellen.

Letzte Lebensjahre

Roosevelt engagierte sich unermüdlich in unterschiedlichsten Bereichen und saß auf Wunsch von Präsident Kennedy der UN-Frauenrechtskommission vor. Bis zu ihrem Tod mit 78 Jahren verfasste sie ihre Zeitungskolumne, trat im Rundfunk auf und schrieb zahlreiche Bücher.

Wie sie die Welt veränderte

Durch ihr Engagement war Roosevelt nicht nur die Frau des Präsidenten, sondern eine eigenständige Führungspersönlichkeit. In Anerkennung ihrer humanitären Verdienste wurde sie „First Lady der Welt" genannt.

Was danach geschah ...

Durch den Marsch auf Washington und die aufrüttelnde Rede von **Martin Luther King** *1963 konnte die US-Politik die Bürgerrechtsbewegung nicht länger ignorieren.*

First Ladies wie **Michelle Obama** *folgten Eleanor Roosevelts Vorbild und übernahmen eigenständige politische Aufgaben neben ihrem Mann.*

Indira Gandhi

Indira Gandhi, bisher einzige Premierministerin Indiens, führte in ihrem Land die Grüne Revolution durch.

Indiens Eiserne Lady

Das Nationalsymbol Indiens

Unabhängigkeitskampf

Indira wurde 1917 als einziges Kind des führenden indischen Politikers Jawaharlal Nehru und seiner Frau Kamala geboren. Während ihr Vater für die indische Kongresspartei für die Unabhängigkeit Indiens von britischer Herrschaft kämpfte, gewann Indira Kinder aus der Nachbarschaft für den Kampf. Sie wurde zu Hause unterrichtet und besuchte dann europäische Internate. 1942 heiratete sie Feroze Gandhi.

Inder blockieren aus Protest gegen die britische Herrschaft eine Straße in Delhi.

Premierminister Jawaharlal Nehru

Wie der Vater

Indien wurde 1947 unabhängig und Nehru wurde erster Premierminister des Landes. Seine Tochter arbeitete für ihn, bevor sie Präsidentin der Kongresspartei wurde. Als ihr Vater und dessen Nachfolger kurz nacheinander starben, wählte die Kongresspartei Gandhi 1966 zur Premierministerin.

Wusstest du das?
Gandhi war mit der britischen Premierministerin Margaret Thatcher (S. 86) befreundet. Sie schätzten gegenseitig ihren Führungsstil.

Was davor geschah ...

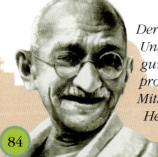

Der Führer der indischen Unabhängigkeitsbewegung **Mahatma Gandhi** *protestierte mit friedlichen Mitteln gegen die britische Herrschaft.*

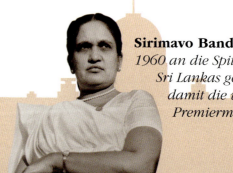

Sirimavo Bandaranaike *wurde 1960 an die Spitze der Regierung Sri Lankas gewählt und war damit die weltweit erste Premierministerin.*

Außenpolitische Strategin

Gandhi sorgte dafür, dass Indien mit Lebensmitteln grundversorgt wurde. Die sogenannte Grüne Revolution war erfolgreich und sorgte für mehr Nahrungsmittel und Arbeitsplätze. Als 1971 ein Krieg zwischen den benachbarten Staaten Ost- und Westpakistan ausbrach, unterstützte Gandhi Ostpakistan. Ostpakistan wurde später der eigenständige Staat Bangladesch. Damit war Indien stärkste Macht auf dem Subkontinent.

Rajiv Gandhi

Übrigens ...
Bevor ich Premierministerin wurde, war ich Ministerin für Information und Rundfunk.

Ende einer Ära

Gandhi regierte drei Amtszeiten, dann wurde sie abgewählt. 1980 wurde sie ein viertes Mal zur Premierministerin gewählt. Vier Jahre darauf wurde sie auf dem Hintergrund religiöser Unruhen von Leibwächtern ermordet. Ihr Sohn Rajiv löste sie als Premierminister ab.

Wie sie die Welt veränderte

Indiens erste Premierministerin stellte das Land auf den Kopf und sorgte dafür, dass die Ärmsten der Armen Chancen, Nahrung und Arbeit bekamen. Außerdem verhalf sie Bangladesch zur Unabhängigkeit.

Was danach geschah ...

Khaleda Zia *wurde 1991 erste Premierministerin Bangladeschs. Sie regierte in einer Zeit wirtschaftlicher Stabilität.*

2014 stieg die **indische Getreideproduktion** *auf 250 Mio. Tonnen pro Jahr. 1947 waren es weniger als 50 Mio. Tonnen gewesen.*

85

Margaret Thatcher

Großbritanniens erste Premierministerin

Übrigens …
Nur mit Glück entkam ich 1984 einem Bombenanschlag auf dem Parteitag der Konservativen.

Die Eiserne Lady

Margaret Thatcher arbeitete als Chemikerin und Anwältin, bevor sie 1959 Parlamentsabgeordnete für die Konservative Partei wurde. Sie übernahm den Parteivorsitz und wurde 1979 Premierministerin. Thatcher war für ihre Unnachgiebigkeit bekannt. Sie schränkte die Macht der Gewerkschaften ein und erhöhte die Steuern.

Wie sie die Welt … veränderte

Thatchers Politik veränderte Großbritannien. Einige ihrer Ideen, z. B. die Macht der Gewerkschaften einzuschränken, wirken noch immer nach.

Britische Soldaten treiben gefangene argentinische Soldaten zusammen.

Geliebt und gehasst

Thatcher feierte einen großen militärischen Erfolg. Die Falklandinseln sind eine Inselgruppe vor der argentinischen Küste, die zu Großbritannien gehört und 1982 von Argentinien besetzt wurde. Thatcher entsandte britische Truppen, die die Inselgruppe zurückeroberten. Bis zu ihrem Rücktritt 1990 spaltete Thatcher die Gemüter. Für manche bewahrte sie Großbritannien vor dem wirtschaftlichen Niedergang, für andere ruinierte ihre harte Politik das Leben von Millionen Menschen.

Leiser Anfang

Angela Merkel wurde 1954 in Hamburg geboren und wuchs in der DDR auf. Sie arbeitete zunächst als Physikerin und wurde erst mit 36 Jahren politisch aktiv. Nach der deutschen Wiedervereinigung 1989 wurde Merkel eine Fürsprecherin der Demokratie.

Westdeutsche schauen zu, wie ostdeutsche Soldaten einen Teil der Berliner Mauer abreißen.

Übrigens ...
Ich bin nicht nur die erste Kanzlerin Deutschlands, sondern war mit 51 Jahren auch die bisher jüngste in diesem Amt.

Angela Merkel

Deutschlands erste Frau im Bundeskanzleramt

Weg zur Macht

Kurz vor der Wiedervereinigung trat Merkel der Christlich Demokratischen Union (CDU) bei und wurde Bundesministerin für Frauen und Jugend. 2000 übernahm sie den Parteivorsitz. 2005 wurde sie Deutschlands erste Bundeskanzlerin.

Flüchtlinge überqueren die griechisch-mazedonische Grenze.

Krisenmanagerin

Während ihrer Amtszeiten war Merkel mit vielen Krisen konfrontiert. Die größte war wohl die Flüchtlingskrise 2015, als sie Hunderttausenden syrischen Bürgerkriegsflüchtlingen die Einreise erlaubte. Für ihre Haltung erntete Merkel sowohl Kritik als auch Bewunderung.

Wie sie die Welt ... veränderte
Als ostdeutsche Frau und Wissenschaftlerin stieg Merkel zur Regierungschefin der größten Volkswirtschaft Europas auf.

Staats-chefinnen

Mit politischen Mitteln für eine bessere Welt

Diese Frauen standen an der Spitze ihres Landes, sie kämpften gegen Korruption und für Menschenrechte.

Golda Meir
Golda Meir wurde 1898 in Russland geboren und entkam mit acht Jahren gewaltsamen Ausschreitungen gegen Juden. Sie wollte für Juden einen eigenen Staat und war 1948 an der Gründung Israels beteiligt. Von 1969 bis 1974 war sie israelische Premierministerin.

Ellen Johnson Sirleaf
Die Ökonomin (Wirtschaftswissenschaftlerin) war Finanzministerin ihres Heimatlandes Liberia bis zum Militärputsch 1980. Nach Wiedereinführung der Demokratie wurde Sirleaf 2006 Präsidentin Liberias und damit die erste Frau, die in Afrika an die Spitze eines Landes gewählt wurde. 2011 bekam sie den Friedensnobelpreis für ihren Kampf gegen Korruption.

Wusstest du das?
Über 2 Mio. Juden verließen Russland zwischen 1880 und 1920 aufgrund der Verfolgung.

Shirin Ebadi

Irans erste Richterin Shirin Ebadi wurde nach der Islamischen Revolution 1979 entlassen, weil die neue Regierung keine Frauen in hohen Ämtern duldete. Unbeirrt verteidigte Ebadi Menschen, die sich gegen das Regime auflehnten. Sie setzte sich für Menschenrechte besonders von Frauen und Kindern ein. Dafür bekam sie 2003 den Friedensnobelpreis.

Graça Machel

Graça Machel ist Politikerin und Menschenrechtlerin aus Mosambik und engagiert sich für bessere Lebensbedingungen für Frauen und Kinder. Sie gehört zu den „Elders" („Ältesten"). Diese Gruppe von ehemaligen Staatsoberhäuptern setzt sich für die Lösung von weltweiten Krisen wie Krieg, Armut und Klimawandel ein.

Benazir Bhutto

Benazir Bhutto wurde in eine politisch einflussreiche Familie geboren und übernahm 1982 den Vorsitz der Pakistanischen Volkspartei (PPP), die für Gleichheit und soziale Gerechtigkeit eintritt. Bhutto war zweimal Premierministerin und kandidierte für eine dritte Amtszeit, als sie 2007 ermordet wurde.

Bhutto war bei ihrer Amtsübernahme 1988 Pakistans erste Premierministerin.

Unternehmerinnen

Diese Frauen zeichnen sich durch ihren Unternehmergeist und ihre persönliche Durchsetzungskraft aus. Sie haben alteingesessene große Unternehmen durch frische Ideen herausgefordert und traditionelle Muster mit modernen Mitteln durchbrochen. Ob Automobilbranche, Internet oder soziale Medien – für sie gibt es keine Grenzen.

Bertha Benz

Unternahm die erste Autoreise der Welt.

Bertha Benz schrieb 1888 Technikgeschichte, als sie die erste Fernfahrt in einem der ersten Autos der Welt unternahm. Sie bewies, dass Autos geeignete Verkehrsmittel sind.

Wusstest du das?
2008 wurde entlang der historischen Strecke die Bertha Benz Memorial Route eingeweiht.

Frau der Tat

Bertha Benz war die Ehefrau und Geschäftspartnerin des deutschen Ingenieurs Karl Benz. 1885 baute Karl sein erstes Auto, an dessen Konstruktion er drei Jahre später immer noch herumtüftelte. Mit Blick auf die Konkurrenz entschied seine Frau, es sei an der Zeit, die Erfindung öffentlich zu machen.

Der ältere Sohn Eugen war bei der Fahrt 15 Jahre alt.

Die Reifen waren aus Hartgummi und sorgten für eine holprige Fahrt.

Unterwegs

Im August 1888 unternahm Bertha Benz ohne Wissen ihres Mannes mit ihren Söhnen Eugen und Richard die erste Fernfahrt der Welt, um die Leistungsfähigkeit des Autos ihres Mannes zu präsentieren. Sie fuhr mehr als 100 km zum Haus ihrer Eltern. Während der Fahrt erregte sie viel Aufmerksamkeit.

Was danach geschah ...

*Das erste bekannte **Autorennen** fand 1894 in Frankreich statt. 21 Autos fuhren 127 km von Paris nach Rouen.*

*Der britische Ingenieur Edgar Hooley erfand 1902 den **Asphalt**. Die glatte, harte Straßenoberfläche war perfekt für Autos.*

Logo der Firma „Benz & Cie."

Übrigens ...
Der Zweitakter versagte bei steilen Hügeln. Meine Söhne mussten manchmal aussteigen und schieben.

Sohn Richard war 13 Jahre alt.

Mission erfüllt

Während der zwölfstündigen Fahrt behob Benz die Pannen selbst. Sie öffnete etwa mit der Hutnadel eine Kraftstoffleitung. Ihre Fahrt ließ die Verkaufszahlen der Autos explodieren. Zehn Jahre später war „Benz & Cie." die größte Automobilfirma der Welt.

Wie sie die Welt veränderte

Benz demonstrierte der Welt die Gebrauchstüchtigkeit von Autos. Ihre Entschlossenheit brachte der Erfindung ihres Mannes internationale Anerkennung ein und führte die Firma zu einem überwältigenden Erfolg.

Die US-Amerikanerin Mary Anderson sorgte für mehr Sicherheit im Straßenverkehr – sie erfand 1903 den **Scheibenwischer**.

Die erfolgreichste Formel-1-Fahrerin ist die Italienerin **Lella Lombardi**, *die 1975 beim Großen Preis von Spanien Sechste wurde.*

Sarah Breedlove
Die erste Self-Made-Millionärin der USA

Die Geschäftsfrau Sarah Breedlove entwickelte Haarpflegeprodukte und schaffte den Aufstieg aus ärmsten Verhältnissen in die Spitzenriege der US-amerikanischen Wirtschaft.

Wusstest du das? Aufgrund schlechter Ernährung und Pflegeprodukte kämpften damals viele afroamerikanische Frauen mit Haarausfall.

Waschfrauen Ende des 19. Jahrhunderts

Schwerer Anfang
Breedlove wurde 1867 geboren. Ihre Eltern waren ehemalige Sklaven. Sie heiratete mit 14, wurde mit 20 Witwe und arbeitete als Waschfrau für 1,50 Dollar am Tag. Weil sie an Haarausfall litt, suchte sie nach einem Gegenmittel.

Die Walker-Methode
Breedlove entwickelte ein Mittel und machte es mithilfe ihres zweiten Ehemanns, des Verkäufers Charles J. Walker, bekannt. Sie änderte ihren Namen in Madam C. J. Walker und bereiste das Land, um für ihre „Walker-Methode" zu werben. Dazu gehörten ein Shampoo, Duftöl zur Haarwuchsförderung und ein Glätteisen.

Was davor geschah ...

Die ehemalige Sklavin **Clara Brown** gründete während des Goldrauschs in Colorado im 19. Jahrhundert eine Wäscherei und half finanziell bei der Befreiung anderer Sklaven.

Die afroamerikanische Unternehmerin **Annie Turnbo Malone** hatte großen Einfluss auf Breedlove. Später wurden die beiden erbitterte Geschäftsrivalinnen.

International erfolgreich

Breedloves Geschäftsidee war sehr erfolgreich und sie baute ihr Tätigkeitsfeld aus. Sie eröffnete Fabriken, Friseursalons und Kosmetikschulen, um ihre Verkäufer auszubilden. Viele der Führungspositionen besetzte sie mit Frauen. Als die Verkaufszahlen immer weiter anstiegen, wurde sie auch im Ausland aktiv.

Breedlove am Steuer ihres Autos

Übrigens ...
Als ich mein Geschäft gründete, war ich praktisch Analphabetin. Sobald ich es mir leisten konnte, nahm ich Privatunterricht in Lesen und Schreiben.

Vorbild

Breedlove nutzte ihren Wohlstand, um anderen zu helfen, und finanzierte Projekte von Afroamerikanern. Sie war redegewandt und die Geschichte ihres persönlichen Erfolgs ermutigte andere Frauen aus der Arbeiterschicht, ein Geschäft zu eröffnen.

Das Haarpflegemittel von Madam C. J. Walker hieß „Wonderful Hair Grower".

Wie sie die Welt veränderte

Trotz ihrer schweren Jugend arbeitete sich Breedlove ganz nach oben und nutzte ihren Reichtum und Einfluss, um anderen Menschen zu helfen. Ihre Firma existiert heute noch.

Was danach geschah ...

Die Afroamerikanerin **Ann Fudge** wurde 2003 Chefin einer internationalen Werbeagentur und war Beraterin von US-Präsident Barack Obama.

Die Afroamerikanerin **Janice Bryant Howroyd** gründete 1978 die Act-1 Group, heute eine der größten Personalagenturen der USA.

Coco Chanel

Die Modedesignerin entwarf kurze Kleider und baute ein Imperium auf.

Frische Ideen

Nach dem frühen Tod ihrer Mutter kam Coco Chanel in ein Waisenhaus, wo ihr Nonnen das Nähen beibrachten. 1910 eröffnete Chanel ihre erste Boutique in Paris (Frankreich). Ihre modernen Schnitte aus bequemem Baumwollstoff kamen sehr gut an. Um 1920 gehörten ihr auch ein Modehaus, eine Textilfabrik und eine Parfümserie. Sie erfand den legendären Damenduft Chanel No. 5 und ein kurzes, einfarbiges Kleid – das „kleine Schwarze". Mit ihren zweiteiligen Kostümen sorgte sie für Gleichberechtigung in der Mode.

Übrigens ... Eigentlich hieß ich Gabrielle. „Coco" war der Name, unter dem ich früher in Varietés sang.

Modehaus Chanel 1936 in Paris

Abstieg und Comeback

Nach einer Beziehung mit einem deutschen Diplomaten im Zweiten Weltkrieg fiel Chanel in Frankreich in Ungnade. In den 1950er-Jahren konnte sie wieder Fuß fassen und entwarf Mode bis zu ihrem Tod 1971. Heute ist Chanel eine der bekanntesten Luxusmarken der Welt.

Wie sie die Welt ... veränderte

Chanels elegante und bequeme Entwürfe revolutionierten die Mode. Ihr berühmtes schwarzes Kleid ist heute immer noch beliebt.

Indra Nooyi
Aus Indien an die Spitze der US-amerikanischen Geschäftswelt

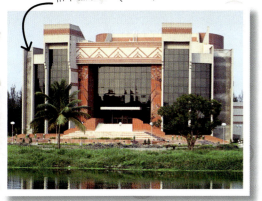

Am Indian Institute of Management in Kalkutta (Indien) studierte Nooyi.

Neue Wege gehen

Nooyi wurde in Indien in eine konservative Gesellschaft mit starren Geschlechterrollen geboren. Nach ihrem Studienabschluss in Chemie und Betriebswirtschaft arbeitete sie als Produktmanagerin. 1978 ging sie in die USA, um an der Yale School of Management zu studieren.

Übrigens …
Als junge Frau spielte ich gern Kricket und war Frontfrau einer Frauen-Rockband.

Geschäftsfrau

Nooyi kam 1994 zu PepsiCo und übernahm 2006 die Konzernleitung. Unter ihrer Führung ist die Firma weiter gewachsen. Heute gilt Nooyi weltweit als eine der mächtigsten Geschäftsfrauen.

Wie sie die Welt … veränderte
Durch Fleiß und Entschlossenheit wurde Nooyi Geschäftsführerin des zweitgrößten Getränke- und Lebensmittelkonzerns der Welt.

Peggy Guggenheim
Die große Förderin moderner Kunst

Die reiche, exzentrische Peggy Guggenheim stammte aus den feinsten Kreisen der USA und unterstützte entscheidend Künstler des 20. Jahrhunderts.

Die *Titanic*

Familienvermögen

Peggy Guggenheim war die Nichte des US-amerikanischen Kunstsammlers Solomon R. Guggenheim und wurde in großen Wohlstand geboren. 1912 starb ihr Vater beim Untergang der *Titanic*. Nachdem sie mit 21 Jahren ihr Erbe angetreten hatte, bereiste sie Europa.

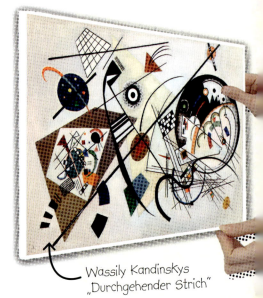

Wassily Kandinskys „Durchgehender Strich"

Wusstest du das?
Guggenheim veranstaltete 1943 eine der ersten Ausstellungen, die nur Kunst von Frauen zeigte.

Leben in Paris

Guggenheim fand in Paris (Frankreich) ein Zuhause und verkehrte mit Künstlern und Schriftstellern. 1938 eröffnete sie eine Kunstgalerie in London (England) mit Werken des Franzosen Jean Cocteau und des Russen Wassily Kandinsky. Obwohl sie in der Kunstwelt für Aufsehen sorgte, warf die Galerie keinen Gewinn ab und Guggenheim kehrte nach Paris zurück.

Was davor geschah ...

Die US-amerikanische Kunstsammlerin **Louisine Havemeyer** war von der Kunst des Franzosen Edgar Degas fasziniert. Sie erwarb mit ihrem Ehemann eine umfangreiche Sammlung impressionistischer Gemälde.

Die Schwestern Gwendoline und Margaret Davies trugen Anfang des 20. Jahrhunderts eine der größten britischen Kunstsammlungen zusammen. Sie befindet sich im **National Museum Wales** in Cardiff.

Leidenschaftliche Sammlerin

Bei Ausbruch des Zweiten Weltkriegs begann Guggenheim, Werke von Künstlern wie den Spaniern Pablo Picasso und Joan Miró zu kaufen. Als die Deutschen Frankreich besetzten, floh sie in die USA. Ihre zweite Galerie „Art of this Century" mit kubistischer, surrealistischer und abstrakter Kunst wurde 1942 in New York eröffnet.

Die Peggy Guggenheim Collection für moderne Kunst in Venedig

Übrigens ...
Ich rasierte mir auf der Highschool einmal die Augenbrauen ab, um meine Mitschüler zu schockieren.

Rückkehr nach Europa

Nach dem Krieg ließ sich Guggenheim im Palazzo Venier dei Leoni in Venedig (Italien) nieder. Um 1960 hörte sie auf, Kunst zu sammeln. Nach ihrem Tod 1979 wurde der Palazzo als Museum für moderne Kunst der Öffentlichkeit zugänglich gemacht. Das Museum zieht jährlich etwa 400 000 Besucher an.

Wie sie die Welt veränderte

Ihre Sammlerleidenschaft machte die moderne Kunst einem breiten Publikum bekannt. Guggenheim wollte, so hat sie einmal gesagt, „der Zukunft dienen, statt die Vergangenheit festzuhalten".

Was danach geschah ...

*Die US-Amerikanerin **Agnes Gund** hat eine Privatsammlung, die es mit jedem Museum aufnehmen kann, und war Präsidentin des Museum of Modern Art in New York (USA).*

*Die Kuratorin **Al-Mayasa bint Hamad bin Khalifa Al Thani** aus Katar ist eine der wichtigsten Personen der Kunstwelt. 2012 managte sie den Verkauf des Bilds „Die Kartenspieler" von Paul Cézanne für die Rekordsumme von 250 Mio. Dollar.*

Oprah Winfrey
Der Medien-Superstar

Die US-Amerikanerin Oprah Winfrey ist eine der erfolgreichsten Fernsehmoderatorinnen, außerdem Schauspielerin, Verlegerin und Produzentin.

Winfrey 1971 bei einer Preisverleihung in Nashville

Kindheit in Armut

Winfrey wurde in Mississippi (USA) geboren. Ihre Kindheit war von Armut und Vernachlässigung getrübt. Sie war so arm, dass sie Kleider aus Kartoffelsäcken trug. Ihr Leben besserte sich, als sie zu ihrem Vater nach Nashville, Tennessee zog. Sie glänzte in der Schule und erhielt ein Universitätsstipendium.

Fernsehqueen

Mit 19 Jahren wurde Winfrey Ko-Moderatorin der Lokalnachrichten, mit 24 hatte sie eine Fernsehtalkshow. 1984 übernahm sie die Talkshow „AM Chicago", aus der die sehr erfolgreiche „Oprah Winfrey Show" hervorging. Durch ihren Interviewstil und ihre herzliche Art brachte sie ganz unterschiedliche Menschen miteinander ins Gespräch.

Wusstest du das?
Winfrey hat solche Macht über die öffentliche Meinung, dass man ihren Einfluss als „Oprah-Effekt" bezeichnet.

Was davor geschah ...

*Anfang des 20. Jahrhunderts gründete die Französin **Alice Guy-Blaché** als erste Regisseurin ein eigenes Filmstudio. In ihrer Laufbahn produzierte sie fast 750 Filme.*

*Die US-amerikanische Journalistin und Gastgeberin der „Today"-Show **Barbara Walters** ebnete Winfrey und anderen Frauen den Weg ins Fernsehgeschäft.*

Milliardengeschäft

Winfrey gründete 1986 die Produktionsfirma Harpo, Inc. und übernahm die Rechte an ihrer Talkshow. Zu ihren vielen erfolgreichen Projekten gehören ein Buchklub und eine Zeitschrift. 2011 startete sie einen Kabelfernsehkanal.

Übrigens ...
Ich heiße eigentlich Orpah nach der Bibel. Weil keiner das schreiben oder aussprechen konnte, nannte ich mich Oprah.

Wohltätigkeitsarbeit

Winfrey hat Millionen für wohltätige Zwecke gespendet – von Bildungsprogrammen in Südafrika bis zum Wiederaufbau von New Orleans nach dem Hurrikan „Katrina". 2013 verlieh ihr Präsident Barack Obama die Freiheitsmedaille – die höchste zivile Auszeichnung der USA.

Freiheitsmedaille des Präsidenten

Wie sie die Welt veränderte

Trotz Elend in der Kindheit wurde Winfrey die einflussreichste Frau im US-Fernsehen, ein Medienmogul und die erste afroamerikanische Milliardärin. Ihre Geschichte zeigt, dass unsere Einstellung unseren Lebensweg beeinflussen kann.

Was danach geschah ...

Winfreys öffentliche Unterstützung des Präsidentschaftskandidaten **Barack Obama** bei der Wahl von 2008 soll Obama über 1 Mio. Wählerstimmen eingebracht haben.

Die US-Schauspielerin und Komikerin **Ellen DeGeneres** wurde mit ihrer Fernsehtalkshow „The Ellen DeGeneres Show" ein Star.

Auf digitalen Pfaden

Diese Frauen schlagen Wellen im Internet.

Das Internet hat der Welt viele neue Möglichkeiten eröffnet. Diese Frauen mischen die digitale Szene auf.

Carol Bartz

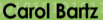

Die US-amerikanische Unternehmensleiterin Carol Bartz machte sich einen Namen beim Softwareentwickler Autodesk. 2009–2011 leitete sie den Internetriesen Yahoo als erste Frau an der Spitze eines großen Softwareunternehmens.

Radia Perlman

In den 1970er- und 1980er-Jahren wurde die Technik entwickelt, aus der das Internet hervorging. Das „Spannbaum-Protokoll" der US-amerikanischen Softwareentwicklerin Radia Perlman aus dem Jahr 1985 ermöglichte eine bessere Kommunikation zwischen einer größeren Anzahl miteinander verbundener Computer.

Übrigens ...
Perlmans wichtiger Beitrag zur Struktur, auf der das Internet basiert, brachte ihr den Titel „Mutter des Internets" ein.

Sheryl Sandberg

Nach Lehrjahren bei Google® wurde die US-amerikanische Geschäftsfrau Sheryl Sandberg 2008 operative Geschäftsführerin von Facebook®, dem größten sozialen Netzwerk der Welt. Sie machte Facebook finanziell äußerst erfolgreich. Zudem sitzt sie als erste Frau im Vorstand von Facebook.

Martha Lane Fox

1998 wurde die britische Geschäftsfrau Martha Lane Fox als Mitbegründerin von Europas größter Reisewebsite lastminute.com bekannt. Zudem brachte sie Dot Everyone auf den Weg – eine öffentliche Einrichtung, die Digitaltechnik allen Menschen zugänglich machen und das Lohngefälle zwischen Männern und Frauen in technischen Berufen abschaffen will.

Juliana Rotich

Rotich wurde in Kenia geboren und ist vor allem bekannt als Mitbegründerin der Website Ushahidi, die ein öffentliches Bewusstsein für die Krisenherde der Welt erzeugen will. Derzeit engagiert sie sich dafür, dass die etwa 4 Mrd. Menschen weltweit, die noch „offline" sind, Zugang zum Internet erhalten.

Über- 2

fliegerinnen

1

3

Die größten Erfolge haben Menschen zu verzeichnen, die an sich selbst glauben und klare Ziele haben. Einige der vorgestellten Frauen sind Spitzensportlerinnen, andere haben als Pilotinnen den Himmel erobert. Wieder andere sind Abenteurerinnen, die Berge erklimmen und die Weltkarte neu schreiben. Alle gehen bis an ihre Grenzen und erreichen etwas, das zuvor unmöglich schien.

Althea Gibson

Grand-Slam-Superstar

Althea Gibson war die erste afroamerikanische Tennisspielerin, die internationale Erfolge feierte.

Übrigens ... In meiner Laufbahn habe ich elf Grand-Slam-Titel und sechs Titel im Doppel gewonnen.

Männer stehen 1931 vor einem Arbeitsamt in Harlem an.

Leben im Armenviertel

Nach der Dürre der 1930er-Jahre musste Gibsons Familie ihre Farm in South Carolina (USA) aufgeben und nach New York ziehen. Sie wohnten in Harlem, einem armen, afroamerikanischen Viertel, in dem kaum jemand Arbeit hatte. In einem Sportprojekt für sozial benachteiligte Kinder lernte Gibson Tennis spielen.

Was davor geschah ...

1948 spielte **Reginald Weir** als erster Afroamerikaner bei den Landesmeisterschaften des US-amerikanischen Tennisverbands.

Der viermalige Olympia-Goldmedaillensieger **Jesse Owens** ist das Vorbild vieler afroamerikanischer Sportler. Er wurde 1936 als Erster mit einer Konfettiparade geehrt. Gibson war die Zweite.

Auf dem Tennisgipfel

Gibson hatte Talent und trainierte hart. Sie ignorierte Menschen, die Tennis für eine den Weißen vorbehaltene Sportart hielten. 1951 trat sie als erste afroamerikanische Spielerin beim Turnier im Londoner Wimbledon (England) an. 1957 gewann sie dort und bekam den Pokal von Königin Elisabeth II. überreicht. Bald war Gibson die Nummer eins der Weltrangliste.

1972 brachte Gibson ein Programm auf den Weg, das Menschen in ärmeren Stadtvierteln mit einer Tennisausrüstung versorgte.

Wusstest du das?
Gibson war die erste Afroamerikanerin, die auf den Covern von großen Magazinen wie Time abgebildet war.

Golf und späteres Leben

Um 1960 verließ Gibson aus Enttäuschung über den Rassismus in diesem Sport die Tenniswelt. Sie wurde professionelle Golferin, aber erlebte auch im Golf immer wieder Diskriminierung. Sie engagierte sich mit Sportprogrammen für sozial benachteiligte Kinder.

Wimbledon-Pokal

Wie sie die Welt veränderte

Gibson schaffte es als erste Afroamerikanerin in die International Tennis Hall of Fame und öffnete den Sport für Menschen aller Hautfarben.

Was danach geschah …

Die australische Aborigine-Tennisspielerin **Evonne Goolagong Cawley** *gewann zwischen 1971 und 1980 zwölf Grand-Slam-Titel.*

Die Tennisspielerin **Venus Williams** *hat 21 Grand Slams gewonnen und zusammen mit ihrer Schwester Serena mehr olympische Goldmedaillen als jede andere Spielerin.*

Nellie Bly
In 72 Tagen um die Welt

Die US-amerikanische Journalistin Nellie Bly gelangte zu Weltruhm: Sie umrundete 1889 die Erde in weniger als 80 Tagen.

Anfänge

Nellie Blys Stunde schlug 1884, als sie 18 Jahre alt war. Ein Artikel in der Zeitschrift *Pittsburgh Dispatch* bezeichnete arbeitende Frauen als „Ungeheuer". Bly schrieb einen Protestbrief an den Herausgeber. Er war so beeindruckt, dass er sie engagierte.

Gebäude der Zeitschrift Pittsburgh Dispatch

Die psychiatrische Klinik in New York, in der Bly verdeckt ermittelte

Reporterin

Bly machte sich einen Namen als eine der weltweit ersten verdeckten Reporterinnen und enthüllte Korruptionsskandale und gefährliche Arbeitsbedingungen in Fabriken. Sie täuschte eine psychische Erkrankung vor, um die grausamen Behandlungsmethoden in einer Klinik für psychisch Kranke zu untersuchen.

Was davor geschah ...

*Die erste erfolgreiche Erdumrundung begann 1519. Der portugiesische Seefahrer **Ferdinand Magellan** führte die dreijährige Expedition. Er selbst starb unterwegs.*

*1766 segelte die Französin **Jeanne Baret** als erste Frau um die Welt. Sie war als Mann verkleidet.*

Weltreisende

1889 brach Bly von New Jersey (USA) zu ihrem gewagtesten Unternehmen auf: Sie wollte den „Rekord" der Figur Phileas Fogg aus dem Roman *Reise um die Erde in 80 Tagen* des französischen Schriftstellers Jules Verne brechen. Sie brauchte 72 Tage, 6 Stunden, 11 Minuten und 14 Sekunden.

Wusstest du das?
Bly war auch Erfinderin. Sie entwarf eine Milchkanne und einen stapelbaren Mülleimer.

Die Strecke von Blys Reise um die Welt

Übrigens …
Meine Reise um die Welt führte durch die USA, Großbritannien, Frankreich, Ägypten, Singapur, HongKong und Japan.

Eiffelturm, Paris

Wie sie die Welt veränderte

Bly war eine kühne, ehrgeizige Journalistin. Sie begründete eine neue Form des Journalismus, indem sie verdeckt und sehr sorgfältig recherchierte, um skandalöse Verhältnisse zu enthüllen.

Was danach geschah …

Der US-amerikanische Pilot **Wiley Post** flog 1933 als Erster allein um die Welt. Er brauchte etwas weniger als acht Tage.

2012 wurde die 16-jährige niederländische Seglerin **Laura Dekker** zur jüngsten Alleinumseglerin der Welt.

Hoch hinaus

Tollkühne Frauen unternahmen Flüge, die Geschichte schrieben.

Himmel und Weltall wurden zuerst von Männern erobert – aber diese mutigen Frauen waren ihnen dicht auf den Fersen.

Quimby überquerte den Ärmelkanal in einem Blériot-XI-Eindecker.

Harriet Quimby

Die US-amerikanische Journalistin, Drehbuchautorin und Hobbypilotin Harriet Quimby ist für ihre Flugkünste bekannt geworden. Sie erwarb 1911 als erste Frau in den USA den Pilotenschein und überquerte im Folgejahr als erste Frau den Ärmelkanal. Sie verunglückte mit nur 37 Jahren bei einer Flugshow.

Wusstest du das?
Schachowskaja war eine russische Fürstin und Cousine von Zar Nikolaus II.

Schachowskaja flog einen Wright-Doppeldecker.

Jewgenija Michailowna Schachowskaja

Schachowskaja wurde in Deutschland zur Pilotin ausgebildet und arbeitete dann für das Flugzeugwerk der Gebrüder Wright. Sie war die erste Militärpilotin, flog Aufklärungsflüge und war möglicherweise auch Spionin. Sie wurde zum Tod durch Erschießen verurteilt, weil sie im Krieg aus der Armee desertieren wollte, kam aber während der Februarrevolution von 1917 auf freien Fuß.

Amelia Earhart

Die US-amerikanische Pilotin Amelia Earhart sah mit zehn Jahren zum ersten Mal ein Flugzeug – und war verliebt. Sie flog als erste Frau nonstop über den Atlantik und war Mitbegründerin der internationalen Pilotinnenorganisation „Club der Neunundneunzig". Beim Versuch der Erdumrundung blieb Earhart 1937 über dem Pazifik verschollen.

Übrigens … Mein erstes Flugzeug war eine knallgelbe Kinner Airster, die ich „Kanarienvogel" taufte.

Earhart unternahm mit einer roten Lockheed Vega 5B den Rekordflug über den Atlantik.

Johnson flog in einer De Havilland Gypsy Moth mit dem Spitznamen „Jason" nach Australien.

Amy Johnson

Die englische Flugpionierin Amy Johnson machte sich 1930 einen Namen durch ihren Alleinflug von England nach Australien. Sie war die erste Frau, der der Flug über 18 000 km gelang. In den 1930er-Jahren stellte sie weitere Flugrekorde auf. Sie starb bei einem Absturz im Zweiten Weltkrieg, möglicherweise durch irrtümlichen Beschuss der eigenen Armee.

Tereschkowa umkreiste die Erde 48-mal im Raumschiff Wostok 6.

Walentina Wladimirowna Tereschkowa

Die sowjetische Amateurfallschirmspringerin Walentina Tereschkowa setzte sich gegen über 400 Kandidatinnen durch und flog 1963 als erste Frau ins All. Sie trat den sowjetischen Luftstreitkräften bei, um am Weltraumprogramm teilnehmen zu können. Während ihrer dreitägigen Mission machte sie einige der ersten Aufnahmen von der Erdatmosphäre.

Gertrude Bell

Nahost-Expertin

Gertrude Bell war Schriftstellerin, Archäologin, Spionin, Forschungsreisende und Bergsteigerin.

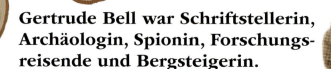

Ausgezeichnete Studentin

Gertrude Bell wurde 1868 in eine wohlhabende Familie in Durham (England) geboren und hatte von Kind an einen Sinn für Abenteuer. Mit 17 ging sie an die Universität Oxford, wo sie als erste Frau das Studium der Zeitgeschichte mit Auszeichnung abschloss.

Reisen um die Welt

Eine Reise nach Teheran (Iran) 1892 entfachte in Bell ein lebenslanges Interesse am Nahen Osten und an der arabischen Kultur. In den folgenden Jahrzehnten entwickelte sie eine Leidenschaft für Reisen und Archäologie. Sie schrieb und veröffentlichte Berichte über das Erlebte. Sie bereiste die Syrische und Arabische Wüste und dokumentierte diese Regionen und deren Völker.

Wusstest du das?
Bell sprach acht Sprachen, darunter fließend Arabisch, Persisch, Französisch und Deutsch.

Was davor geschah ...

1813 durchquerte die britische Adlige und Abenteurerin **Lady Hester Stanhope** als erste Frau die Syrische Wüste – dazu musste sie sich als Mann verkleiden.

Im 19. Jahrhundert wurde die britische Reiseschriftstellerin **Isabella Bird** erstes weibliches Mitglied der renommierten Royal Geographical Society.

Gründung des modernen Irak

Nach Ausbruch des Ersten Weltkriegs 1914 bat der britische Geheimdienst Bell um Unterstützung bei der Gewinnung arabischer Verbündeter gegen das Osmanische Reich. Mithilfe von Bells Karten und Ortskenntnis konnten die Briten Bagdad einnehmen, die südliche Hauptstadt des Kriegsgegners. Bell war an der Grenzziehung des heutigen Irak und der Wahl des ersten Staatsoberhaupts beteiligt.

Übrigens …
1902 hing ich 48 Stunden an einem Seil, als ich das Finsteraarhorn, den höchsten Gipfel der Schweizer Alpen, besteigen wollte.

Bell reiste 1911 nach Nudschaf (heutiges Irak) und erblickte das Haupttor der Stadt.

Museumsschätze

In ihren letzten Lebensjahren gründete Bell das heutige Irakische Nationalmuseum mit vielen archäologischen Schätzen. Bell starb 1926, kurz nach Eröffnung des Museums. Ihr wurde nachträglich der britische Verdienstorden Order of the British Empire verliehen.

Bell arbeitete im Ersten Weltkrieg mit dem britischen Diplomaten und Archäologen T. E. Lawrence zusammen.

Den Felsendom in der Altstadt von Jerusalem besuchte Bell erstmals 1899.

Wie sie die Welt veränderte

Bell war Anfang des 20. Jahrhunderts eine der einflussreichsten Frauen des Britischen Weltreichs. Sie erkundete viele Gegenden als erster Mensch. Zudem war sie die erste Geheimdienstoffizierin des britischen Militärs.

Was danach geschah …

Die Britin **Freya Stark** schrieb Bücher über ihre Reisen nach Nahost und warb in arabischen Staaten um Unterstützung der Alliierten im Zweiten Weltkrieg.

1968 übernahm die arabisch-sozialistische Baath-Partei die Macht in Irak. Ihr Anführer **Ahmad Hassan Al-Bakr** und Saddam Hussein regierten nacheinander das Land.

Junko Tabei

Japanische Bergsteigerin mit Zielen

Junko Tabei erklomm als erste Frau den Gipfel des höchsten Bergs der Welt – den Mount Everest.

Tabei entwickelte eine Leidenschaft fürs Bergsteigen, nachdem sie mit zehn Jahren den Nasu-dake bestiegen hatte.

Hohe Ziele

Als Studentin begann Junko Tabei intensiv mit dem Bergsteigen. Nach ihrem Abschluss gründete sie den japanischen Bergsteigerinnenklub LCC. Damals hatten Frauen in Japan nicht die gleichen Freiheiten wie Männer und waren für Heim und Kinder zuständig. Tabei jedoch hatte andere Pläne.

Was davor geschah ...

Der Mount Everest ist nach dem walisischen Landvermesser und Geografen **George Everest** benannt. In Nepal heißt der Berg Sagarmatha, in Tibet Chomolungma.

1953 bezwangen der Neuseeländer **Edmund Hillary** und sein nepalesischer Bergführer **Tenzing Norgay** als Erste den Mount Everest.

Die Bezwingung des Everest

1975 brach die 35-jährige Tabei mit dem LCC auf, um den Mount Everest mit einer Höhe von 8848 Metern über dem Meeresspiegel zu erklimmen. Nach drei Vierteln der Strecke wurde ihr Lager von einer Lawine überrollt. Die bewusstlose Tabei musste von Bergsteigern der Himalayaregion (Sherpas) ausgegraben werden. Nur zwölf Tage, nachdem sie beinahe von der Lawine getötet worden wäre, erreichte Tabei als erste Frau den Gipfel des höchsten Bergs der Welt.

Karte der „Seven Summits"

Weitere Gipfel

Nach dem Mount Everest bezwang Tabei die übrigen sechs der „Seven Summits", wie die höchsten Berge der sieben Kontinente genannt werden. Sie setzt sich dafür ein, dass Bergsteiger und Touristen die Bergnatur erhalten. Nun will sie den höchsten Berg jedes Landes besteigen. Bisher hat sie über 60 Gipfel erklommen.

Übrigens ...
Für unsere Expedition 1975 hatten wir nur wenig Geld, deshalb fertigten wir Ausrüstung und Schlafsäcke selbst an.

Wie sie die Welt veränderte

Durch große Entschlossenheit und trotz aller Umstände verwirklichte Tabei ihren Traum. Sie wurde anderen Frauen ein Vorbild.

Was danach geschah ...

2010 bestieg die Spanierin **Edurne Pasaban** als erste Frau alle 14 Achttausender (Gipfel von mehr als 8000 Metern Höhe über dem Meeresspiegel).

Als erste Frau erklomm die österreichische Bergsteigerin **Gerlinde Kaltenbrunner** 2011 die Achttausender ohne mitgeführten Sauerstoff.

Wilma Rudolph

Ein bettlägeriges Kind wurde zur schnellsten Frau der Welt.

Schwerer Anfang

Wilma Rudolph kam 1940 als Frühgeburt in einer afroamerikanischen Großfamilie zur Welt und litt an Kinderlähmung. Mit neun Jahren war sie stark genug, um Basketball zu spielen und an Wettläufen in der Schule teilzunehmen. Sie qualifizierte sich für die Olympiamannschaft der USA und gewann 1956 Bronze mit der 4-mal-100-m-Staffel.

Wusstest du das?
Rudolph wurde 1973 in die Black Sports Hall of Fame und 1974 in die National Track and Field Hall of Fame aufgenommen.

Wie sie die Welt …
Rudolph gewann als erste US-amerikanische Frau drei Goldmedaillen bei den Olympischen Spielen.

veränderte

Rudolph mit den Goldmedaillen, die sie 1960 bei den Olympischen Spielen in Rom (Italien) gewann

Auf der Überholspur

Bei den Olympischen Spielen 1960 gewann Rudolph den 100- und 200-m-Lauf und die 4-mal-100-m-Staffel. In ihrer Heimatstadt Clarksville (USA) wurde sie mit einer Siegesparade geehrt. Auf Rudolphs Bitte durften Schwarze und Weiße zusammen feiern. Es war die erste Gemeinschaftsveranstaltung dieser Art in der Geschichte der Stadt.

Nova Peris

Die australische Sportlegende rückte ihre Herkunft als Aborigine ins Rampenlicht.

Übrigens …
Bei den Olympischen Spielen in Sydney 2000 übernahm ich am Uluru, einem heiligen Berg der australischen Ureinwohner, das olympische Feuer.

Es gibt über 600 000 Ureinwohner (Aborigines) in Australien.

Goldlauf

Nova Peris wurde in eine Aborigine-Familie im australischen Darwin geboren und trat in ihrer Jugend der Frauen-Hockeynationalmannschaft bei. Als das Team 1996 bei den Olympischen Spielen gewann, wurde Peris als erste Aborigine Olympiasiegerin. Zudem war sie eine exzellente Sprinterin und gewann 1998 zwei Wettkämpfe bei den Commonwealth Games. Als erste Australierin gewann sie Gold in zwei Sportarten.

Politisch engagiert

Nach ihrem Rückzug aus dem Sport begann Peris, Aboriginekunst zu malen und olympische Gedenkmünzen zu entwerfen. Sie gründete eine Stiftung, die sich für einen gesunden Lebensstil von Aboriginekindern einsetzt. 2013 wurde sie als erste Aborigine in den australischen Senat gewählt.

Wie sie die Welt … veränderte

Peris engagiert sich unermüdlich für bessere Lebensbedingungen der australischen Ureinwohner (Aborigines).

Serena Williams
Grand-Slam-Champion

Das Tennisass ist die beste Frau in der Geschichte dieser Sportart und eine der meistbewunderten Sportlerinnen des 21. Jahrhunderts.

Die Williams-Schwestern Venus und Serena (rechts) mit ihrem Vater

Früher Start
Serena Jameka Williams wurde 1981 in Michigan (USA) geboren. Der sportbegeisterte Vater brachte Serena und ihre ältere Schwester Venus schon im Kindesalter zum Tennis – da war Serena gerade einmal drei Jahre alt. Beide Mädchen waren Nummer eins der kalifornischen Jugendklasse.

Auf Titeljagd
Nach der Aufnahme in Rick Maccis Tennisschule in Florida begann Serena 1995 ihre Profilaufbahn. 1999 gewannen die Schwestern das Frauendoppel in Wimbledon und bei den US Open. Im selben Jahr holte Serena den Titel bei den US Open auch im Einzel und war damit die zweite afroamerikanische Frau, die dieses Turnier gewann.

Wusstest du das?
Der Begriff „Serena Slam" bezieht sich darauf, dass sie die vier Grand-Slam-Titel von 2002–2003 nicht im selben Jahr gewann.

Was davor geschah ...

1567 spielte **Maria I. von Schottland** als erste Frau Golf in Schottland.

Die britische Eiskunstläuferin **Madge Syers** trat 1902 bei der Eiskunstlaufweltmeisterschaft in der Herrenkonkurrenz an und gewann Silber. Daraufhin wurde ein Damenwettkampf eingeführt.

Nummer eins

2002 wurde Serena Weltranglistenerste, nachdem sie bei den US Open, den French Open, in Wimbledon und Anfang 2003 bei den Australian Open gewann. Sie erspielte weitere Titel, gewann 2016 zum siebten Mal in Wimbledon und kann insgesamt 23 Grand-Slam-Titel im Einzel verbuchen. Ihr fehlen nur zwei Titel, um den Einzeltitel-Rekord der Australierin Margaret Court zu übertreffen.

Die Geschwindigkeit von Serenas schnellstem Aufschlag

207 km/h

Übrigens ... Ich habe bei drei Olympischen Spielen vier Goldmedaillen gewonnen, drei davon im Doppel mit Venus.

Serena ist wohl die größte Tennisspielerin aller Zeiten und dominiert die Sportart seit Ende der 1990er-Jahre. Ihre leistungsstarken Auftritte sind Athleten und Fans weltweit ein Vorbild.

Wie sie die Welt veränderte

Die tschechisch-amerikanische Tennisspielerin **Martina Navrátilová** gewann 18 Grand-Slam-Titel, darunter neun Mal Wimbledon.

Die deutsche Tennisspielerin **Steffi Graf** gewann 22 wichtige Turniere und schrieb 1988 mit ihrem Golden Slam (alle vier Grand-Slam-Titel und Olympisches Gold) Geschichte.

Tanni Grey-Thompson

Die Rollstuhl-Sprinterin aus Wales wurde Mitglied des britischen Oberhauses.

Paralympische Meisterin

Tanni Grey-Thompson wurde mit der Krankheit Spina bifida geboren. Ihre Beine sind gelähmt. Mit 13 nahm sie an Rollstuhlrennen teil. Bei fünf Paralympischen Spielen vertrat sie Großbritannien und gewann 16 Medaillen beim Rennen über 100 m, 200 m, 400 m und 800 m und bei der 4-mal-100-m-Staffel. Sie war zwischen 1992 und 2002 sechsmal Erste beim Rollstuhlrennen des London-Marathon.

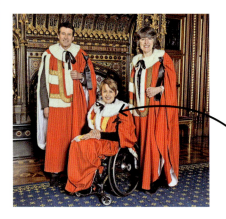

Grey-Thompson wird als Baroness ins Oberhaus eingeführt.

Leben nach dem Sport

Seit ihrem Rückzug aus dem Sport 2007 setzt sich Grey-Thompson für Anliegen im Sport und Menschen mit Behinderung ein. Sie tritt als Sportexpertin im Fernsehen und Radio auf. 2010 wurde sie für ihre Erfolge mit einem Sitz im Oberhaus des britischen Parlaments geehrt, wo sie ihre Erfahrung in die Debatten einbringt.

Übrigens ...
Ich gewann elf Goldmedaillen bei den Paralympischen Spielen und stellte in meiner Laufbahn über 30 Weltrekorde auf.

Wie sie die Welt ... veränderte
Als erfolgreiche Sportlerin hat Grey-Thompson viele Menschen beeinflusst und den Sport barrierefreier gemacht.

Jessica Ennis-Hill
Olympische Mehrkämpferin und dreifache WM-Goldmedaillengewinnerin

Vielseitig
Der Siebenkampf umfasst folgende sieben Disziplinen in der Leichtathletik: 100-m-Hürdenlauf, Hochsprung, Kugelstoßen, 200-m-Lauf, 800-m-Lauf, Weitsprung und Speerwurf. Die britische Athletin Jessica Ennis-Hill gelangte bereits mit 20 Jahren international zu Bekanntheit, als sie bei den Commonwealth Games Bronze im Siebenkampf gewann.

Hochsprung

Kugelstoßen

Hürdenlauf

Übrigens …
Ich halte den britischen Rekord im 100-m-Hürdenlauf, Hochsprung und Hallen-Fünfkampf.

Internationale Karriere
2012 gewann sie bei den Olympischen Spielen in London (England) im Siebenkampf und stellte eine persönliche Bestmarke auf. Es folgten weitere Medaillen wie Gold bei der Weltmeisterschaft 2015 in Peking (China) und Silber bei den Olympischen Spielen 2016 in Rio de Janeiro (Brasilien).

Wie sie die Welt …
Ennis-Hill tritt in einer der härtesten Disziplinen an und hat sich als eine der beeindruckendsten Sportlerinnen auf ihrem Gebiet hervorgetan.

veränderte

Marta

Eine Top-Stürmerin

Das überragende Können der Brasilianerin Marta brachte ihr ungeschlagene fünfmal den Titel „Weltfußballerin des Jahres" ein.

> **Übrigens ...**
> Mein Fußabdruck ist in Brasiliens berühmtem Maracanã-Stadion in Beton verewigt worden.

Jugendliche spielen Fußball in den Straßen von Rio de Janeiro.

Am Ball

Marta Vieira da Silva wurde 1986 in Brasilien geboren. In ihrem Viertel wurde viel Straßenfußball gespielt. In einer Jungenmannschaft fiel sie einem Talentsucher auf und kam zum Verein Vasco da Gama in Rio de Janeiro. Dort verbesserte sie in der Frauenmannschaft ihr Können, dann wechselte sie zum Verein Santa Cruz. 2004 ging sie nach Schweden zu Umeå IK.

> **Wusstest du das?**
> Martas Spitzname ist „Pelé con faldas" („Pelé mit Rock") nach dem brasilianischen Fußballstar Pelé.

Was davor geschah ...

*1895 fand in London (England) eines der **ersten offiziellen Frauenfußballspiele** statt, bei dem „Team Nord" das „Team Süd" mit 7:1 schlug.*

*Das erste internationale Frauenfußballspiel fand 1920 statt. Die **Dick Kerr's Ladies** aus Preston (England) schlugen die Französinnen in Paris vor 25 000 Fans mit 2:0.*

Ausnahmetalent

Martas Stärken liegen im offensiven Mittelfeld und im Angriff. Mit Umeå IK gewann sie sechsmal die schwedische Meisterschaft und mit Los Angeles Sol zweimal die US-amerikanische. 2006–2010 wurde sie „Weltfußballerin des Jahres". Bei vier Weltmeisterschaften schoss sie 15 Tore für Brasilien – so viele wie keine andere Spielerin bisher.

Marta trifft sich mit der Frauenfußballmannschaft aus Sierra Leone (Afrika).

Sonderbotschafterin

Marta ist als internationale Sportlerin bekannt. 2010 war sie Sonderbotschafterin der Vereinten Nationen (UN) und trat für die Rechte von Frauen und sozial benachteiligten Menschen ein. Neben fünf männlichen Fußballstars war sie Botschafterin für die Fußball-WM der Männer im Jahr 2014 in Brasilien.

Marta spricht fließend Portugiesisch, Englisch und Schwedisch.

Wie sie die Welt veränderte

In einer Sportart, die von Männern dominiert ist, hat Marta die Frauen in den Blick gerückt. Mit Talent und Entschlossenheit wurde sie die beste Fußballspielerin aller Zeiten. Sie setzt sich dafür ein, dass sich noch mehr Mädchen und Frauen für diese Sportart begeistern.

In den 1970er-Jahren wurde die **erste professionelle Frauenliga** *in Italien gegründet. Andere Länder folgten und gründeten eigene Ligen.*

1991 fand die erste **FIFA Frauen-Weltmeisterschaft** *statt, bei der die USA gewannen. Das erste Fußballturnier bei Olympischen Spielen folgte fünf Jahre darauf.*

Applaus für ...

Sie haben es nicht in die Top 100 geschafft, doch diese deutschen, österreichischen und schweizerischen Frauen sind ebenfalls für ihre Verdienste berühmt.

Hildegard von Bingen (1098–1179)
Im Mittelalter hatten Frauen wenig Chancen, doch Hildegard von Bingen nutzte sie: Sie brachte es von der einfachen Nonne bis zur Äbtissin, legte sich mit den Mächtigen an, beriet den Kaiser und gründete ein Kloster. Sie schrieb auch Bücher über Heilkunde – manche ihrer Rezepte werden noch heute verwendet.

Maria Sibylla Merian (1647–1717)
Merian bereitete der modernen Insektenkunde den Weg. Als Jugendliche begann sie Tiere und Pflanzen detailgetreu zu zeichnen. Nach einer Reise in die niederländische Kolonie Surinam in Südamerika veröffentlichte sie ihr Buch *Verwandlung der surinamischen Insekten,* das sie als Künstlerin berühmt machte.

Dorothea Erxleben (1715–1762)
Erxleben war die erste promovierte Ärztin Deutschlands und eine Vorreiterin des Frauenstudiums. Früh zeigte sie ein großes naturwissenschaftliches Interesse. Ihr Vater und ihr Bruder unterrichteten sie in Medizin. Doch erst nach Fürsprache von Friedrich dem Großen wurde sie zur Promotion an der Universität Halle zugelassen. Später arbeitete sie erfolgreich als Ärztin.

Annette von Droste-Hülshoff (1797–1848)
Die Adlige gilt als eine der bedeutendsten deutschen Dichterinnen. Wegen gesundheitlicher Probleme lebte sie sehr zurückgezogen. Sie schrieb Erzählungen und Gedichte, die sie schon zu Lebzeiten bekannt machten. Zudem besaß sie ein musikalisches Talent, ihre Kompositionen wurden jedoch erst nach ihrem Tod veröffentlicht.

Ida Pfeiffer (1797–1858)
Die österreichische Weltreisende und Reiseschriftstellerin träumte schon als Kind von der Ferne und weigerte sich, Mädchenkleidung zu tragen. Nachdem sie zwei Söhne großgezogen hatte, brach sie zu Reisen um die ganze Welt auf. Ihre Berichte wurden in sieben Sprachen übersetzt und beeindruckten Alexander von Humboldt.

Clara Schumann (1819–1896)
In einer männerdominierten Zeit behauptete Schumann sich als Klaviervirtuosin und Komponistin. Von ihrem Vater wurde sie früh zum Klavierspielen und Komponieren getrimmt. Mit neun Jahren trat sie zum ersten Mal im Leipziger Gewandhaus auf, mit 19 wurde sie in Wien zur kaiserlich-königlichen Kammervirtuosin ernannt. Gegen den Willen ihres Vaters heiratete sie den Komponisten Robert Schumann.

Marie von Ebner-Eschenbach (1830–1916)
Von Ebner-Eschenbach war eine mährisch-österreichische Schriftstellerin, deren literarisches Talent früh von der Stiefmutter gefördert wurde. Nach einer Ausbildung zur Uhrmacherin verfasste sie wenig erfolgreiche Theaterstücke. Erst mit ihren Erzählungen und Romanen gelang ihr der Durchbruch. 1900 wurde sie erster weiblicher Ehrendoktor der Universität Wien.

Margarete Steiff (1847–1909)
Durch Kinderlähmung behindert, kämpfte Steiff sich durch die Schule und machte eine Schneiderlehre. Sie nähte und verkaufte bald im eigenen Laden. Ein ausgestopfter Stoffelefant war der Anfang zu ihrem Erfolg als Spielzeugherstellerin. Ihr Neffe entwarf den Plüschteddy, der die Firma Steiff weltberühmt machte.

Clara Zetkin (1857–1933)
Anfang des 20. Jahrhunderts durften Frauen in Deutschland nicht zur Wahl gehen. Zetkin kämpfte für die politische und gesellschaftliche Gleichberechtigung der Frauen und für ihr Recht zu wählen. Sie unterstützte sozialistische Ideale und war als Politikerin und Kommunistin später sehr einflussreich.

Käthe Kollwitz (1867–1945)
Die berühmte deutsche Künstlerin zeigte mit ihren Druckgrafiken und Plastiken sehr realistisch die gesellschaftlichen Missstände auf. 1919 wurde sie als erste Frau zur Professorin der Preußischen Akademie der Künste ernannt. Später engagierte Kollwitz sich gegen den Nationalsozialismus, was ihr ein Ausstellungsverbot einbrachte. Sie starb kurz vor dem Ende des Zweiten Weltkriegs.

Minna Faßhauer (1875–1949)
Faßhauer war die erste deutsche Frau im Amt einer Ministerin. Sie stammte aus dem Arbeitermilieu und musste schon als Kind zum Unterhalt der Familie beitragen. Sie kam früh mit sozialistischen Werken in Kontakt und begann, sich für die Rechte von Arbeiterkindern und Frauen zu engagieren. 1918 wurde sie Volksbildungsministerin und führte in diesem Amt mehrere Reformen ein.

Paula Modersohn-Becker (1876–1907)
Als Kind knapp dem Tod entgangen, verfolgte sie später unbeirrt ihren Wunsch, Malerin zu werden. Neben einer

Ausbildung zur Lehrerin nahm sie privat Zeichenunterricht. In Worpswede lernte sie ihren späteren Ehemann Otto Modersohn kennen. Sie starb nach der Geburt ihres ersten Kindes. Zu Lebzeiten verkannt, gilt sie heute als eine Wegbereiterin der Kunstrichtung Expressionismus.

Emmy Noether (1882–1935)
Noether war eine deutsche Mathematikerin und Mitbegründerin der modernen Algebra. Sie wurde in eine jüdische Familie geboren. 1907 promovierte sie als zweite deutsche Frau in Mathematik und erhielt später als erste Frau in Deutschland eine Professur. Nach der Machtübernahme der Nationalsozialisten wanderte sie in die USA aus, wo sie wenig später starb.

Gertrud Kurz (1890–1972)
Die Schweizerin Kurz, genannt „Mutter der Flüchtlinge", engagierte sich in der Flüchtlings- und Friedensarbeit. Während des Zweiten Weltkriegs gründete sie ein Flüchtlingshilfswerk und half zahlreichen jüdischen Emigranten in der Schweiz. Als erster Frau wurde Kurz 1958 die Ehrendoktorwürde der Universität Zürich verliehen.

Nelly Sachs (1891–1970)
Die jüdische Schriftstellerin verfasste bereits in ihrer Jugend erste Gedichte. 1940 floh sie mit ihrer Mutter vor den Nationalsozialisten nach Schweden. 1965 erhielt sie als erste Frau den Friedenspreis des deutschen Buchhandels und im Jahr darauf den Literaturnobelpreis – mit dem sie für ihr Talent geehrt wurde, das Schicksal der Juden „mit ergreifender Stärke" zu schildern.

Elisabeth Selbert (1896–1986)
Selbert kam über ihren Ehemann zur Politik, studierte in der Weimarer Republik als eine von wenigen Frauen Rechtswissenschaften und wurde als Anwältin zugelassen. Im Nachkriegsdeutschland war sie eine der vier sogenannten „Mütter des Grundgesetzes" und sorgte für die Aufnahme des Gleichheitsgrundsatzes von Mann und Frau.

Gret Palucca (1902–1993)
Weil sie nicht „hübsch und lieblich" tanzen wollte, brach Palucca ihr Ballettstudium ab und wandte sich dem Ausdruckstanz zu. Sie gründete eine Tanzschule in Dresden, die von den Nationalsozialisten geschlossen, aber in der DDR wiedereröffnet wurde. Sie erfand das Unterrichtsfach „Neuer Künstlerischer Tanz" und unterrichtete bis ins hohe Alter.

Hannah Arendt (1906–1975)
Arendt war eine jüdisch-deutsche Philosophin und Professorin für politische Theorie. Während des Nationalsozialismus emigrierte sie in die USA und erhielt die US-amerikanische Staatsbürgerschaft. In ihrem Schaffen untersuchte sie den Ursprung von Diktatur und Antisemitismus. Großes Aufsehen erregte sie mit einem Bericht über den Prozess gegen den Kriegsverbrecher Adolf Eichmann.

Christa Wolf (1929–2011)
Wolf zählt zu den bedeutendsten Schriftstellerinnen der Gegenwart. Sie war auch eine der wichtigsten Schriftstellerinnen der DDR, wo sie gegen die engstirnige Kulturpolitik kämpfte. Ihre Werke wurden in zahlreiche Sprachen übersetzt und vielfach ausgezeichnet. 2002 bekam Wolf für ihr Lebenswerk den erstmals verliehenen Deutschen Bücherpreis.

Maria Schaumayer (1931–2013)
Die österreichische Wirtschaftswissenschaftlerin und Politikerin bekleidete als erste Frau weltweit das Amt einer Nationalbankpräsidentin. 1991 gründete sie eine Stiftung zur Förderung von Frauen in der Wirtschaft und war ab 2000 Regierungsbeauftragte für die Entschädigung von Zwangsarbeitern unter der NS-Diktatur.

Romy Schneider (1938–1982)
Die deutsche Schauspielerin begann ihre Karriere mit 15 Jahren, als sie in einem Film an der Seite ihrer Mutter spielte. Mit der Rolle der „Sissi" erlangte sie in den 1950er-Jahren Weltruhm. Auf dem Höhepunkt ihrer Karriere in den 1970er-Jahren überzeugte sie als Charakterdarstellerin auf Leinwand und Bühne und galt als eine der erfolgreichsten Schauspielerinnen.

Pina Bausch (1940–2009)
Sie nahm schon als Kind Ballettunterricht und trat in Kinderstücken auf. Mit 15 studierte sie an der Essener Folkwangschule und nach ihrem Abschluss auch in New York (USA). In den 1970er-Jahren wurde sie Choreografin des Wuppertaler Balletts, das sie in Tanztheater Wuppertal umbenannte und mit dem sie zu Weltruhm gelangte.

Herta Müller (geb. 1953)
Die Schriftstellerin entstammt der deutschsprachigen Minderheit in Rumänien und reiste mit ihrem Ehemann 1987 in die BRD aus. Für ihre sprachgewaltige Beschreibung von Diktatur und Heimatlosigkeit wurde sie mit Gastprofessuren für Poetik und zahlreichen Preisen geehrt. 2009 erhielt sie den Nobelpreis für Literatur.

Cornelia Funke (geb. 1958)
Nach der Ausbildung zur Pädagogin studierte Funke Buchillustration und schrieb später selbst Bücher für Kinder und Jugendliche. Mit der *Wilden-Hühner*-Serie wurde sie in Deutschland bekannt und feierte u.a. mit der *Tintenwelt*-Trilogie internationale Erfolge. Ihre Bücher verkauften sich viele Millionen Mal und wurden bisher in 37 Sprachen übersetzt.

Birgit Fischer (geb. 1962)
Fischer begann mit sechs Jahren mit dem Kanurennsport, ihr Vater war ihr erster Trainer. In ihrer Karriere als Kanutin wurde sie 27-mal Weltmeisterin, 8-mal Olympiasiegerin und 2-mal Europameisterin. Damit ist sie die erfolgreichste deutsche Olympiateilnehmerin und die zweiterfolgreichste Olympiateilnehmerin aller Zeiten.

Glossar

Atom
Kleinster Baustein eines chemischen Elements, der nicht mehr teilbar ist. Besteht aus Protonen (positiv geladene Teilchen), Elektronen (negativ geladene Teilchen) und Neutronen (Teilchen ohne elektrische Ladung).

Atomkern
Zentrum eines Atoms, das Protonen und Neutronen enthält.

Boykott
Wirtschaftlicher oder gesellschaftlicher Akt der Verweigerung als Mittel des Protests.

Bürgerrechtsbewegung
In den USA in den 1960er-Jahren entstandene Bewegung, die für Gleichberechtigung aller Menschen unabhängig von ihrer Hautfarbe eintritt.

DDR
Abkürzung für Deutsche Demokratische Republik. Nach dem Zweiten Weltkrieg teilten die Alliierten Deutschland auf. Aus den östlichen Gebieten bildete sich 1949 die DDR, aus den westlichen die Bundesrepublik Deutschland (BRD). Erst 1990 wurde Deutschland wieder vereint.

Demokratie
Politisches System, in dem die Bürger Politiker als ihre Vertreter frei und geheim wählen.

Diktatur
Politisches System, in dem die Macht von einer Einzelperson (Diktator) oder einer kleinen Gruppe ausgeht.

Doppelhelix-Struktur
Leiterartige, spiralförmig verdrehte Struktur der Desoxyribonukleinsäure (DNA), die die Erbinformationen eines Lebewesens enthält.

Evolution
Fortschreitende Veränderung der vererbbaren Eigenschaften von Lebewesen über einen langen Zeitraum.

Frauenrechtsbewegung
Soziale Bewegung, die für die Gleichberechtigung der Frau eintritt.

Gen
Abschnitt der Desoxyribonukleinsäure (DNA), der Informationen wie Augenfarbe enthält, die an Nachkommen vererbt werden.

Gewerkschaft
Angestellte einer Firma oder Branche, die sich zusammenschließen, um mit Arbeitgebern über Arbeitsverträge und -bedingungen zu verhandeln.

Heidentum
Religionen, die auf der Verehrung alter Götter beruhen. Vorläufer von Religionen wie dem Christentum und Islam.

Kernenergie
Energie, die durch Kernfusion (Verschmelzung von Atomkernen) oder Kernspaltung (Teilung von Atomkernen) freigesetzt wird.

Kolonie
Ein Gebiet unter der politischen Herrschaft eines anderen Staats.

Kolonisierung
Entsendung von Siedlern, die eine Kolonie in einem fremden Land gründen sollen und oft die politische Kontrolle über die dort lebenden Menschen übernehmen.

Kommunismus
Politische Lehre, die auf dem Grundsatz basiert, dass Eigentum nicht privat ist, sondern allen gehört.

Konzentrationslager
Gefängnis für politische Gefangene, Kriegsgefangene und verfolgte Minderheiten, die dort Zwangsarbeit leisten müssen oder ermordet werden.

Korruption
Unehrliches, unmoralisches oder rechtswidriges Verhalten, das von der Regierung oder dem Staatsoberhaupt eines Landes ausgeht.

Manifest
Bekanntmachung, veröffentlichtes Programm einer künstlerischen oder politischen Gruppierung.

Pazifismus
Überzeugung, dass Konflikte friedlich, ohne Krieg und Gewalt gelöst werden können.

Radioaktivität
Energie, die beim Zerfall von Atomen freigegeben wird und für Menschen schädlich ist.

Revolutionär
Person, die für den radikalen Wandel einer Gesellschaft eintritt, indem sie die bestehende politische Macht stürzen will, teils mit gewalttätigen Mitteln.

Segregation
Politik der Trennung von Personengruppen, z. B. aufgrund ihrer Hautfarbe.

Sozialismus
Wirtschaftssystem, bei dem die Arbeiter über Produktion und Verteilung von Waren bestimmen.

Suffragetten-Bewegung
Von Frauen geführte Bewegung, die für das Frauenwahlrecht eintrat.

Taliban
Militante Islamistengruppe, die 1995 in Afghanistan an die Macht kam, 2001 von einer US-geführten Intervention gestürzt wurde und sich seitdem in der Region, etwa Pakistan, neu formiert hat.

UdSSR
Abkürzung für Union der Sozialistischen Sowjetrepubliken (1922–1991), zu denen der Großteil des ehemaligen Russischen Reichs gehörte.

Register

A, B
Afrika 42, 43, 55, 65, 75, 88, 89
Afroamerikaner 14–15, 21, 50–51, 60–61, 94–95, 100–101, 106–107, 116
Ägypten 18, 28–29, 70
Anderson, Mary 93
Angelou, Maya 21
Anning, Mary 32–33
Arendt, Hannah 125
Aung San Suu Kyi 62–63
Austen, Jane 21
Autos 92–93, 95
Baker, Josephine 14–15
Bandaranaike, Sirimavo 84
Baret, Jeanne 108
Barré-Sinoussi, Françoise 43
Bartz, Carol 102
Bausch, Pina 125
Bell, Gertrude 112–113
Benz, Bertha 92–93
Beyoncé 15
Bhutto, Benazir 89
Bigelow, Kathryn 13
Bingen, Hildegard von 124
Bird, Isabella 112
Bly, Nellie 108–109
Brasilien 80, 122–123
Breedlove, Sarah 94–95
Brontë, Emily 10
Brown, Clara 94
Bryant Howroyd, Janice 95
Bürgerrechte 15, 21, 50–51, 60–61, 82, 83

C
Callas, Maria 17
Carson, Rachel 55
Cavell, Edith 39
Chan, Margaret 55
Chanel, Coco 96
Colvin, Claudette 60
Computer 31, 102–103
Copeland, Misty 15
Cotton, Ann 64
Curie, Marie 36–37

D, E
DeGeneres, Ellen 101
De Gouges, Olympe 48
Dekker, Laura 109
Dichterinnen 8–11
Dickinson, Emily 10–11
Dietrich, Marlene 12
Dixit, Madhuri 13
DNA 44–45
Droste-Hülshoff, Annette von 124
Du Châtelet, Emilie 30
Earhart, Amelia 111
Ebadi, Shirin 89
Ebner-Eschenbach, Marie von 124
Eleonore von Aquitanien, Königin 71
Elisabeth I., Königin 76–77
Elisabeth II., Königin 77
Ennis-Hill, Jessica 121
Everest, Mount 114–115
Entdeckerinnen 78–79, 112–113
Erxleben, Dorothea 124

F
Faßhauer, Minna 124
Filipović, Zlata 23
Filmstars 12–13
Fischer, Birgit 125
Fossey, Dian 42
Fossilien 32–33
Frank, Anne 22–23
Franklin, Melissa 41
Franklin, Rosalind 44–45
Frankreich 14–15, 16, 30, 36, 48, 52, 68–69, 96, 98
Frauenrechte 48–49, 56–57, 64–65, 82–83, 123
Friedensnobelpreis 53, 55, 63, 65, 88, 89
Fudge, Ann 95
führende Politikerinnen 62–63, 82–89
Funke, Cornelia 125

G, H
Gandhi, Indira 84–85
Gesundheit 38–39, 43, 55
Gianotti, Fabiola 41
Gibson, Althea 106–107
Goolagong Cawley, Evonne 107
Graf, Steffi 119
Grey-Thompson, Tanni 120
Guggenheim, Peggy 98–99
Guy-Blaché, Alice 100
Hatschepsut, Königin 70
Herschel, Caroline 29
Hunt, Agnes 39
Hypatia 28–29

I, J
Ibárruri, Dolores 81
Indien 9, 71, 84–85, 97
Internet 102–103
Isabella von Brasilien, Prinzessin 54
Japan 20, 41, 109, 114
Johanna von Orléans 68–69
Johnson, Amy 111
Joliot-Curie, Irène 37, 40
Journalismus 108–109

K, L
Kahlo, Frida 18–19
Kaltenbrunner, Gerlinde 115
Katharina die Große, Zarin 72–73
Katharina von Medici, Königin 72
Keller, Helen 54
King, Martin Luther 61, 83
Kleopatra 70
Kollwitz, Käthe 124
Königinnen 70–77
Kowalewskaja, Sofja 34
Künstlerinnen 18–19, 98–99
Kurz, Gertrud 125
Lane Fox, Martha 103
Lawrence, Jennifer 13
Lombardi, Lella 93
Lovelace, Ada 31
Luxemburg, Rosa 58

M
Maathai, Wangari 55
Machel, Graça 89
Mansfield, Averil 39
Maria Theresa, Kaiserin 73
Maria I., Königin von England 76
Maria I., Königin von Schottland 76–77, 118
Marta 122–123
Meir, Golda 88
Meitner, Lise 35
Menschenrechte 82–83, 89
Merian, Maria Sibylla 124
Merkel, Angela 87
Michel, Louise 52
Mirabai 9
Mirzakhani, Maryam 29
Mitchell, Joni 24
Modersohn-Becker, Paula 124
Monroe, Marilyn 12
Müller, Hertha 125
Murasaki Shikibu 20

N, O
Naher Osten 89, 112–113
Nationalsozialisten 15, 22–23, 35, 59
Navrátilová, Martina 119
Nightingale, Florence 38
Nobelpreis 35, 37, 40, 43, 44, 45, 53, 55, 63, 65, 88
Noether, Emmy 125
Nooyi, Indra 97
Obama, Barack 61, 101
Obama, Michelle 83
Olympische Spiele 116, 117, 121

P, Q
Pakistan 64–65, 89
Palucca, Gret 125
Pankhurst, Emmeline 56–57
Paralympische Spiele 120
Parks, Rosa 60–61
Pasaban, Edurne 115
Peris, Nova 117
Perlman, Radia 102
Pfeiffer, Ida 124
Piaf, Édith 16
Pilotinnen 109, 110–111
Plath, Sylvia 11
Quimby, Harriet 110
Quitéria, Maria 80

R
Revolutionärinnen 52, 58–59, 80–81
Roosevelt, Eleanor 82–83
Rotich, Juliana 103
Rowling, J. K. 25
Rudolph, Wilma 116
Russland 34, 72–73, 88, 110

S
Sacajawea 78–79
Sachs, Nelly 125
Sandberg, Sheryl 103
Sängerinnen 16–17, 24
Sappho 8
Schachowskaja, Jewgenija Michailowna 110
Schaumayer, Maria 125
Schauspielerinnen 12–13
Schneider, Romy 125
Scholl, Sophie 59
Schriftstellerinnen 8–11, 20–21, 25
Schumann, Clara 124
Seacole, Mary 38
Selbert, Elisabeth 125
Sherman, Cindy 19
Shin Saimdang 20
Sirleaf, Ellen Johnson 88
Sklaverei 50–51, 54, 94
Solberg, Erna 65
Sportlerinnen 106–107, 116–123
Stanhope, Hester 112
Stanton, Elizabeth Cady 49
Stark, Freya 113
Steiff, Margarete 124
Suffragetten 56–57
Sultanin Raziah 71
Suttner, Bertha von 53
Syers, Madge 118

T, U, V
Tabei, Junko 114–115
Taytu Betul, Kaiserin 75
Tereschkowa, Walentina Wladimirowna 111
Thatcher, Margaret 86
Theodora, Kaiserin 72
Tubman, Harriet 50–51
Turnbo Malone, Annie 94
Unternehmerinnen 90–103
Viktoria, Königin 71, 73

W, Y, Z
Walters, Barbara 100
Watson, Emma 65
Williams, Serena 118–119
Williams, Venus 107
Winfrey, Oprah 100–101
Wissenschaftlerinnen 28–45
Wolf, Christa 125
Wollstonecraft, Mary 21, 64–65
Wu, Chien-Shiung 40–41
Wu Zetian, Kaiserin 74
Yousafzai, Malala 64–65
Zetkin, Clara 124
Zia, Khaleda 85

Dank und Bildnachweis

Der DK Verlag dankt Jackie Brind für das Register, Hansa Babra, Kshitiz Dobhal, Amisha Gupta, Neetika Malik Jhingan und Arun Pottirayil für Designassistenz sowie Anita Kakar für Lektoratsassistenz.

Der Verlag dankt den folgenden Personen und Organisationen für die freundliche Genehmigung zum Abdruck von Fotos:

(Abkürzungen: o = oben, u = unten, m = Mitte, l = links, r = rechts, g = ganz, Hg = Hintergrund)

1 Getty Images: Don Cravens (mul, mu). **3 123RF.com:** leftleg (mul/Hand). **Alamy Stock Photo:** Epa B.v./Mk Chaudhry (mul); Friedrich Stark (mul/Studenten); Epa B.v./Bilawal (ul/Mädchen). **Getty Images:** Paul Ellis/AFP (ul). **8 123RF.com:** Georgios Kollidas (mo). **9 123RF.com:** Malgorzata Kistryn (r). **Getty Images:** IndiaPictures/Universal Images Group (m). **10 Alamy Stock Photo:** Lebrecht Music and Arts Photo Library (ml). **Fotolia:** Dario Sabljak (ml/goldener Rahmen). **Getty Images:** PHAS/Universal Images Group (ul). **PENGUIN und das Penguin-Logo sind Handelsmarken von Penguin Books Ltd.:** Wuthering Heights, Emily Brontë, S.E. Hinton Puffin Classics (um). **11 Alamy Stock Photo:** CSU Archives/Everett Collection (um); Photo Researchers, Inc. (mol); Granger, NYC./Granger Historical Picture Archive (mor); Pictorial Press Ltd. (ul). **12 Alamy Stock Photo:** Pictorial Press Ltd. (mr). **Getty Images:** Frank Worth, m. frdl. Genehm. v. Capital Art/Hulton Archive (ul). **13 Alamy Stock Photo:** A.F. Archive (gol, mur); Moviestore collection Ltd. (ul). **14–15 Rex by Shutterstock:** Everett Collection (m). **14 M. frdl. Genehm. d. Maryland Historical Society:** White Studio/Eubie Blake Photograph Collection (ml). **Getty Images:** Michael Ochs Archives (um). **15 Alamy Stock Photo:** Ricky Fitchett/ZUMA Wire/ZUMA press (um). **Getty Images:** MENAGER Georges/Paris Match Archive (gom). **Library of Congress, Washington, D.C.:** (mor). **Photoshot:** Pete Mariner/Retna (ul). **16 Alamy Stock Photo:** France Soir/Photos 12 (gol). **Dreamstime.com:** Laifa (go). **Getty Images:** Keystone-France/Gamma-Keystone (ur). **17 Alamy Stock Photo:** ZUMA Press Inc. (u). **Dreamstime.com:** Olegslabinskiy (gor). **Getty Images:** Moore/Hulton Archive (ml). **18 Alamy Stock Photo:** Granger Historical Picture Archive (gor, ml). **Dorling Kindersley:** Durham University Oriental Museum (ul). **Getty Images:** Bettmann (mu). **Wellcome Images http://creativecommons.org/licenses/by/4.0/:** Iconographic Collections (um). **19 Alamy Stock Photo:** The Artchives/Banco de México Diego Rivera Frida Kahlo Museums Trust, Mexico, D.F./DACS/© DACS 2016 (gol); John Mitchell (mr); Scott Houston (um). **Library of Congress, Washington, D.C.:** (ul). **20 Alamy Stock Photo:** The Art Archive (mur). **Getty Images:** JTB Photo/Universal Images Group (ml). **21 Alamy Stock Photo:** GL Archive (gol); Granamour Weems Collection (ul). **Dreamstime.com:** Georgios Kollidas (mr). **22 Alamy Stock Photo:** H. Armstrong Roberts/ClassicStock (mor); dpa picture alliance archive (ml). **Dreamstime.com:** Pictac (mur). **Getty Images:** Hulton Archive (um); PHAS/Prisma/UIG (ul). **23 Alamy Stock Photo:** United Archives GmbH (mo). **M. frdl. Genehm. d. S. Fischer Verlage** (mu/Buchcover). **Press Association Images:** AP (ul). **24 Alamy Stock Photo:** Gregg Mancuso/Globe Photos/Zumapress.com (gom); sjvinyl/JoniMitchell.com (ml). **25 123RF.com:** Andrei Zaripov (ml/Buch). **Alamy Stock Photo:** ZUMA Press, Inc. (ur). **Dreamstime.com:** Luis Alvarenga (ml); Liquoricelegs (mu). **Getty Images:** Jenny Anderson/Wireimage (gol). **28 Alamy Stock Photo:** Gianni Dagli Orti/The Art Archive (um); Mary Evans Picture Library (ml). **Dorling Kindersley:** The Science Museum, London (mo). **Dreamstime.com:** Frenta (gol). **Wellcome Images http://creativecommons.org/licenses/by/4.0/:** Rare Books (ul). **29 Alamy Stock Photo:** epa european pressphoto agency b.v. (ur); Mary Evans Picture Library (gor). **Getty Images:** 517398340 (gol). **Wellcome Images http://creativecommons.org/licenses/by/4.0/:** Iconographic Collections (ul). **30 akg-images:** Archives CDA/St-Genès (mol). **Alamy Stock Photo:** Pictorial Press Ltd. (mr). **Getty Images:** Dea/G. Dagli Orti (um). **31 Alamy Stock Photo:** Library of Congress/RGB Ventures/SuperStock (ml); The Print Collector (ul). **Dorling Kindersley:** The Science Museum (gol). **Getty Images:** Science & Society Picture Library (m). **32 Alamy Stock Photo:** The Natural History Museum (mr, ul); World History Archive (um). **33 Alamy Stock Photo:** The Natural History Museum (gol). **Wellcome Images http://creativecommons.org/licenses/by/4.0/:** Archives & Manuscripts (mor); General Collections (ul). **34 Dreamstime.com:** Galina Ermolaeva (gor). **Getty Images:** Heritage Images/Hulton Archive (m). **35 Alamy Stock Photo:** Lebrecht Music and Arts Photo Library (gor); Photo Researchers, Inc (gol, m). **Dorling Kindersley:** Churchill College Archives, Cambridge University (mul). **Getty Images:** AFP (ul). **36 Alamy Stock Photo:** Granger Historical Picture Archive (ul). **Getty Images:** Culture Club/Hulton Archive (um). **Wellcome Images http://creativecommons.org/licenses/by/4.0/:** Iconographic Collections (mol). **37 Alamy Stock Photo:** Akademie (gom); Granger Historical Picture Archive (um). **Getty Images:** Apic/Hulton Archive (gol). **Science Photo Library:** Library of Congress (mor). **Wellcome Images http://creativecommons.org/licenses/by/4.0/:** (ul). **38 Dorling Kindersley:** Barrie Watts (ul). **Mary Evans Picture Library:** Winchester College/Zur Unterstützung des Mary Seacole Memorial Statue Appeal (ml). **Wellcome Images http://creativecommons.org/ licenses/by/4.0/:** Iconographic Collections (mur). **39 Derwen College:** (mr). **Library of Congress, Washington, D.C.:** (gol). Averil Mansfield: (ul). **40 Alamy Stock Photo:** Gabbro (ml); Photo Researchers, Inc. (mor). **Getty Images:** Bettmann (ul); Library of Congress (um). **41 Alamy Stock Photo:** Photo Researchers, Inc. (gor). **Melissa Franklin:** Reidar Hahn/Fermi lab (ul). **Getty Images:** Pier Marco Tacca (um). **42 123RF.com:** Maurizio Giovanni Bersanelli (mu/Gorilla). **Alamy Stock Photo:** Arco Images GmbH/Vnoucek, F. (ul); Liam White (mu). **Getty Images:** Neil Selkirk/The LIFE Images Collection (m). SuperStock: Minden Pictures (mu/Berggorilla). **43 123RF.com:** robert hyrons (mul); Naveen kalwa (mr). **Alamy Stock Photo:** epa european pressphoto agency b.v./Lucas Dolega (m). **44 Alamy Stock Photo:** World History Archive (mor). **Wellcome Images http://creativecommons.org/licenses/by/4.0/:** Iconographic Collections (ul); Science Museum, London/Medical Photographic Library (um). **45 123RF.com:** broukoid (ul). **Getty Images:** Bettmann (m); De Agostini Picture Library (gor); Mario Tama (um). **Science Photo Library:** King's College London Archives (mol). **48 Alamy Stock Photo:** Granger Historical Picture Archive (gor). **Dorling Kindersley:** Banbury Museum (um). **Dreamstime.com:** Italianestro (mu). **Getty Images:** Heritage Images/Hulton Fine Art Collection (mo). **49 Alamy Stock Photo:** Granger Historical Picture Archive (gor, mu). **Library of Congress, Washington, D.C.:** (gol). **50 Alamy Stock Photo:** Mary Evans Picture Library (ml); North Wind Picture Archives (ul). **Getty Images:** Universal Images Group (mor). **Library of Congress, Washington, D.C.:** Popular Graphic Arts (um). **50–51 Alamy Stock Photo:** North Wind Picture Archives (m). **51 Alamy Stock Photo:** Granger Historical Picture Archive (um); Philip Scalia (mor). **52 Alamy Stock Photo:** The Art Archive (m); Interfoto (gol). **Getty Images:** adoc-photos (mo); Pierre Ogeron (ul). **53 Alamy Stock Photo:** Akademie (mu/Nobelpreis); Interfoto (m); akg-images (mul). **Dreamstime.com:** Italianestro (mu); Peter Probst (gol). **54 Getty Images:** ullstein bild (mul); Hulton Archive (mor). **55 Getty Images:** Chung Sung-Jun (ul); Alfred Eisenstaedt/The LIFE Picture Collection (mol); Gianluigi Guercia/AFP (mr). **56 Alamy Stock Photo:** Mary Evans Picture Library (ml). **Getty Images:** Dea Picture Library (ul); Keystone-France/Gamma-Keystone (gom). **56–57 Alamy Stock Photo:** Archive Pics (m/Suffragetten). **Getty Images:** Heritage Images/Hulton Archive (m). **57 Alamy Stock Photo:** Hilary Morgan (mr). **Mary Evans Picture Library:** Peter Higginbotham Collection (gor). **58 Alamy Stock Photo:** age fotostock (m); Berliner Verlag/Berliner Verlag (ur); Heritage Image Partnership Ltd (gol). **59 akg-images:** George (Jürgen) Wittenstein (m). **Alamy Stock Photo:** Pictorial Press Ltd. (gol). **Dreamstime.com:** Italianestro (mu). **60–61 Getty Images:** Don Cravens (m). **60 Alamy Stock Photo:** Everett Collection Historical (ml); Granger Historical Picture Archive (mu); World History Archive (ul). **Press Association Images:** Julie Jacobson/AP (um). **61 Dreamstime.com:** Palinchak (um). **Getty Images:** Don Cravens (m); Steve Schapiro/Corbis Premium Historical (gor); Rolls Press/Popperfoto (ul). **62–63 Getty Images:** STR/AFP (m); Thierry Falise/LightRocket (mu). **62 Bridgeman Images:** David Henley (ul). **Getty Images:** De Agostini Picture Library (um); Sandro Tucci/The LIFE Images Collection (gom). **Photoshot:** UPPA (mul). **63 Alamy Stock Photo:** epa european pressphoto agency b.v. (gor); Sputnik (um). **Getty Images:** Burmese Talks/Hulton Archive (ul). **64–65 Alamy Stock Photo:** Epa B.v./Mk Chaudhry (m); Friedrich Stark (m/Studenten); Epa B.v./Bilawal (m/Mädchen). **Getty Images:** Paul Ellis/AFP (gom). **64 123RF.com:** leftleg (gom). **Alamy Stock Photo:** EPA b.v./Maciej Kulczynski POLAND OUT (um). **Getty Images:** Pete Marovich (ul). **65 Alamy Stock Photo:** Luiz Rampelotto/EuropaNewswire (ul); Gonçalo Silva (um). **Getty Images:** AFP (gom, mr). **68 Alamy Stock Photo:** Classic Image (mor); Granger Historical Picture Archive (mul). **Getty Images:** Culture Club/Hulton Archive (ul); Hulton Archive (um). **69 123RF.com:** Maria Itina (m). **Alamy Stock Photo:** Yolanda Perera Sánchez (ul). **Getty Images:** Kean Collection/Archive Photos (mor); Stock Montage (gol); Time Life Pictures (ml). **Library of Congress, Washington, D.C.:** Bain Collection (um). **70 Getty Images:** Hulton Archive (ul). **71 Alamy Stock Photo:** Antiques & Collectables (gor); IanDagnall Computing (ur). **72 Alamy Stock Photo:** Artokoloro Quint Lox Limited (mor); Sputnik (ml); Granger Historical Picture Archive (ul); Chris Hellier (um). **Dreamstime.com:** Italianestro (mu). **Getty Images:** Heritage Images/Hulton Fine Art Collection (mr). **72–73 Alamy Stock Photo:** The Print Collector (m). **73 Alamy Stock Photo:** Active Museum (m); Lanmas (ul). **Getty Images:** Heritage Images/Hulton Archive (gol). **Library of Congress, Washington, D.C.:** Popular Graphic Arts (um). **74 123RF.com:** Sanchai Loongroong (ml). **Alamy Stock Photo:** Chronicle (mur). **Bridgeman Images:** Musée Guimet, Paris, Frankreich/Archives Charmet (mr). **75 Alamy Stock Photo:** Photo12/Elk-Opid (ml); Mary Evans Picture Library (gor). **Bridgeman Images:** Royal Asiatic Society, London, UK (u). **76 Alamy Stock Photo:** Digital Image Library (ul); Heritage Image Partnership Ltd (ml); Falkensteinfoto (um). **Dreamstime.com:** Italianestro (mr). **77 Alamy Stock Photo:** Falkensteinfoto (gor). **Dorling Kindersley:** National Maritime Museum, London (ul). **Getty Images:** Print Collector/Hulton Fine Art Collection (gol). **Photoshot:** (um). **78 Alamy Stock Photo:** Granger Historical Picture Archive (ml). **Getty Images:** James L. Amos (ul). **78–79 Alamy Stock Photo:** Granger Historical Picture Archive (m). **79 123RF.com:** wrangel (gor). **Alamy Stock Photo:** nsf (um). **Getty Images:** Archive Photos (ul). **80 Amura Yachts & Lifestyle:** www.amuraworld.com/en/topics/history-art-andculture/articles/272-maria-quiteria-de-je-sus-the-heroine-ofbrazil. **81 Alamy Stock Photo:** Interfoto (gol). **The Art Archive:** CCI (mr). **82–83 123RF.com:** Songquan Deng (m). **82 Alamy Stock Photo:** Josse Christophel (um); Mary Evans Picture Library (ml); GL Archive (ul). **83 Alamy Stock Photo:** Everett Collection Historical (m, ul). **Getty Images:** Bettmann (mol, mor); Jeff J Mitchell (um). **84 123RF.com:** Ivan Aleshin (ul). **Alamy Stock Photo:** Tetra Images (mr). **Bridgeman Images:** De Agostini Picture Library/A. Dagli Orti (mol). **Getty Images:** Dungan/The LIFE Images Collection (mu); Murali/The LIFE Images Collection (um). **85 Getty Images:** The India Today Group (ul); Garofalo Jack (gol); Robert Nickelsberg/The LIFE Images Collection (mor). **86 123RF.com:** leftleg (m/Hand). **Alamy Stock Photo:** Slim Plantagenate (m). **Getty Images:** ullstein bild (gor); Keystone-France/Gamma-Keystone (ul). **87 123RF.com:** Enrique Calvo (mo). **Getty Images:** Handout (m); Gerard Malie/AFP (gol). **Rex by Shutterstock:** Dimitris Tossidis/Intime/Athena (ul). **88 Alamy Stock Photo:** irishphoto.com (mor); Keystone Pictures USA (mul). **89 Alamy Stock Photo:** Epa b.v./Naeem Ul Haq (mul); epa european pressphoto agency b.v. (gol); Luciano Movio (mr). **92 Alamy Stock Photo:** GL Archive (ml). **Getty Images:** Bettmann (ul). **92–93 Alamy Stock Photo:** Hi-Story (m). **Dreamstime.com:** Hupeng (m/Motorwagen). **93 Alamy Stock Photo:** Hi-Story (gol); Keystone Pictures USA (m). **M. frdl. Genehm. v. Mercedes-Benz, Daimler AG:** Mercedes-Benz Classic (gor). **94–95 Bridgeman Images:** Museum of the City of New York, USA (m). **94 Getty Images:** Fotosearch/Archive Photos (ul). **Library of Congress, Washington, D.C.:** (ml). **95 Alamy Stock Photo:** Photo Researchers, Inc (gol, mul, mor); Wenn Ltd. (um). **Getty Images:** Anthony Barboza/Archive Photos (ul). **96 Alamy Stock Photo:** Granger Historical Picture Archive (gor). **Getty Images:** Keystone-France/Gamma-Keystone (mul); Chicago Tribune/Tribune News Service (mr). **Photoshot:** R4610/Picture Alliance (mur). **97 Alamy Stock Photo:** Dinodia Photos (gol); Xinhua (m). **98 Alamy Stock Photo:** Peter Horree (mr). **Dreamstime.com:** Leonid Andronov (um). **Getty Images:** Francis G. Mayer (ul); George Rinhart (ml). **99 123RF.com:** Eric Isselee (mur, mur/Lhasa); Erik Lam (mur/Lhasa Apso). **Alamy Stock Photo:** steven gillis hd9 imaging (mor). **Getty Images:** Ron Galella (gol); Venturelli (um). **Photoshot:** Patrick McMullan/LFI (ul). **100–101 123RF.com:** skdesign (mu). **100 Dreamstime.com:** Laurence Agron (um). **Getty Images:** Apic/Hulton Archive (ul). **Rex by Shutterstock:** (m). **101 Alamy Stock Photo:** Paul Velgos (gom). **Dreamstime.com:** Featureflash (um); Jaguarps (mol). **Photoshot:** Everett (ul). **102 Alamy Stock Photo:** Richard Ellis (ml). **Bilder © 2012 Katy Dickinson. Alle Rechte vorbehalten:** (mu). **103 Alamy Stock Photo:** Britta Pedersen/dpa picture alliance (gom). **Getty Images:** Bloomberg (ul). **Photoshot:** David Wimsett (mor). **106–107 Getty Images:** Keystone/Hulton Archive (m). **106 Alamy Stock Photo:** Granger Historical Picture Archive (ml). **Library of Congress, Washington, D.C.:** (um). **Press Association Images:** Tom Fitzsimmons/AP (ul). **107 Alamy Stock Photo:** Diane Johnson (ul). **Dreamstime.com:** Eaglefly ing (um). **Getty Images:** Bettmann (mor). **108–109 Alamy Stock Photo:** Granger Historical Picture Archive (m). **108 Alamy Stock Photo:** Granger Historical Picture Archive (ml). SuperStock: Universal Images Group (um). **Wellcome Images http://creativecommons.org/licenses/by/4.0/:** Archives & Manuscripts (ul). **Wikipedia:** Thurston, George H. (1876) Pittsburgh and Allegheny in the Centennial Year, Pittsburgh: A.A. Anderson & Son, bet. pp. 262 and 263 (gom). **109 Alamy Stock Photo:** Granger Historical Picture Archive (gom). **Dreamstime.com:** Ariwasabi (mr); Italianestro (m). **Getty Images:** Imagno/Hulton Archive (ul); Michel Porro (um). **Library of Congress, Washington, D.C.:** (mu). **110 Dorling Kindersley:** The Shuttleworth Collection (ml). **Getty Images:** Heritage Images/Hulton Archive (ur). **Library of Congress, Washington, D.C.:** Bain Collection (mol). **111 Alamy Stock Photo:** Pictorial Press Ltd. (mor); Sputnik (ul). **Dorling Kindersley:** Roy Palmer (mr). ESA: (mul). **Getty Images:** New York Times Co. (gom). **112 Dreamstime.com:** Italianestro (mr). **Mary Evans Picture Library:** (ml). **Photoshot:** UPPA (um). **Wellcome Images http://creativecommons.org/licenses/by/4.0/:** Rare Books (ul). **112–113 Photoshot:** (m). **113 123RF.com:** Ievgenii Fesenko (mur). **Alamy Stock Photo:** GL Archive (mul); Keystone Pictures USA (um). **Getty Images:** Ron Burton/Hulton Archive (ul); Danita Delimont (gor). **114 Alamy Stock Photo:** Granger Historical Picture Archive (m). **Getty Images:** Science & Society Picture Library (ul). **115 Alamy Stock Photo:** Norbert Eisele-Hein/imageBROKER (um). **Getty Images:** Europa Press (ul); Keystone/Hulton Archive (mol). **116 Getty Images:** Bettmann (m, ul); Keystone/Hulton Archive (mo). **117 Dreamstime.com:** Ecophoto (mu). **Getty Images:** Darren England (m). **Press Association Images:** Alan Porritt/Aap (mul). **118 Getty Images:** ullstein bild (um); Ken Levine (mol). **Photoshot:** World History Archive (ul). **119 Alamy Stock Photo:** PCN Photography (ml, um). **Getty Images:** Bettmann (ul). **120 Getty Images:** AFP (mr). **Photoshot:** Gary Lee (ml). **121 Alamy Stock Photo:** Matthew Taylor (mor). **Getty Images:** Andy Lyons (mur); Ian Walton (mol, mgl, ml). **122 Getty Images:** Buda Mendes (ml); Popperfoto (ul, um). **122–123 Getty Images:** Anadolu Agency (ml). **123 Alamy Stock Photo:** Tommy E Trenchard (mor). **Getty Images:** Evening Standard/Hulton Archive (ul).

Cover: *Vorn:* **123RF.com:** Enrique Calvo gol, leftleg ur (rechte Hand); **Alamy Stock Photo:** age fotostock ul (Kleid), Granger Historical Picture Archive mr, Heritage Image Partnership Ltd. ul (Rosa Luxemburg), United Archives GmbH um (Anne Frank); **Dreamstime.com:** Pictac mlu (Stifte auf Schreibtisch); **Getty Images:** Paul Ellis/AFP ur (Malala), Apic/Hulton Archive ml, Garofalo Jack gogr. *Hinten:* **Alamy Stock Photo:** C. & M. History Pictures ugl, Everett Collection Historical ml (Körper), Natural History Museum, London gol (Fossil), The Natural History Museum gol (Mary Anning); **Dreamstime.com:** Italianestro ur (rechte Hand); **Getty Images:** Bettmann ml (Eleanor Roosevelt), Print Collector/Hulton Fine Art Collection ur (Elizabeth I.); **Rex Shutterstock:** Everett Collection gor.

Weitere Informationen unter www.dkimages.com